青春期男孩呵护手册

邹雪 著

中国纺织出版社有限公司

内 容 提 要

本书是专为青春期男孩及其父母设计的一本呵护成长手册，涵盖了青春期男孩生理、心理、情感、学习、社交和日常生活的各个方面。通过设置"成长故事""成长指南""青春加油站"等，深入探讨青春期男孩在成长过程中羞于向父母提及的私密话题、可能遇到的挑战和疑惑，并提供有针对性的心理分析和应对办法。它不仅可以作为父母进行青春期教育的得力助手，也可以成为青春期男孩自我认识和探索男性世界的"贴心伙伴"。

图书在版编目（CIP）数据

青春期男孩呵护手册 / 邹雪著. -- 北京：中国纺织出版社有限公司，2025. 2. -- ISBN 978-7-5229-2307-9

Ⅰ. G479

中国国家版本馆CIP数据核字第2024G9101X号

责任编辑：郝珊珊　　责任校对：高　涵　　责任印制：储志伟

中国纺织出版社有限公司出版发行
地址：北京市朝阳区百子湾东里A407号楼　邮政编码：100124
销售电话：010—67004422　传真：010—87155801
http://www.c-textilep.com
中国纺织出版社天猫旗舰店
官方微博 http://weibo.com/2119887771
鸿博睿特（天津）印刷科技有限公司印刷　各地新华书店经销
2025年2月第1版第1次印刷
开本：710×1000　1/16　印张：13
字数：158千字　定价：49.80元

凡购本书，如有缺页、倒页、脱页，由本社图书营销中心调换

前　言

古希腊哲学家柏拉图曾说过："在所有动物中，男孩是最难驯服的，因为他们尚无法调控其身上理性的源泉。"

当你催促他做作业时，他可能更愿意沉迷于电视和游戏；当你提醒他注意保护眼睛时，他可能会不耐烦地反驳："我视力好得很，用不着你操心！"稍有不慎，言辞稍重，就可能引发一场家庭风波，让父母感到心力交瘁，甚至想要放弃……一轮又一轮的冲突，父母与孩子斗智斗勇，使得这场"战争"愈演愈烈。

为何青春期的男孩难以与父母和谐相处？

美国作家马克·吐温曾回忆："在我14岁时，我觉得父亲一无所知，我简直无法忍受与这个老派的人相处。"

青春期男孩有"十分熟"的身体，却只有"八分熟"的大脑，总觉得自己已经长大，思想成熟，甚至认为自己的决策能力超过了"过时"的父母。因此，这些半大不小的男孩，就像一个个火药桶，不断试探父母的底线，挑战父母的耐心和宽容。他们不再满足于父母所设定的安全边界，渴望探索更广阔的世界。

青春期既是成长的挑战期，也是父母转变教育方式的关键期。我们应当积极寻找方法，协助男孩应对成长中的挑战，同时也帮助父母与他们的儿子建立更深入的沟通。为此，我们精心编写了《青春期男孩呵护手册》一书。我们期望这本书不仅能为青春期的男孩提供实际的帮助，也能启发父母在与儿子的交流中找到新的途径。

书中汇集了有关青春期男孩的众多真实故事，涵盖了他们生理、心理、情感、学习、社交和日常生活的各个方面。这些故事或轻松幽默，或深刻沉重，或充满喜悦，或带有忧郁，都真实而生动地反映了青春期男孩的生活状态。通过这些故事，男孩可以找到自己的影子，看到自己曾经或正在遇到的难题。

  这本书不仅是男孩在青春期的良师益友，也是父母在教育孩子过程中的得力助手。通过共同阅读，父母可以更好地理解孩子的内心世界，帮助男孩解决烦恼，为男孩的茁壮成长保驾护航。

邹雪
2024 年 7 月

目　录

第一章
青春蜕变：男孩身体变化的奥秘　　001

1. 为什么别人都长高了，我却没有　002
2. 我的声音为什么变粗了　006
3. 脖子上长了个结，她却没有　010
4. 身上开始长毛了　013
5. 小胡子引发的风波　017
6. 青春痘痘惹人烦　020

第二章
身体秘密：那些难以启齿的烦恼　　023

1. 精子是怎么产生的　024
2. 正确认识男孩的第一次梦遗　027
3. 包皮过长是怎么回事　030
4. 如何正确保护好"小弟弟"　033
5. 为什么早晨起来"小弟弟"会勃起　036

第三章
情窦初开：花样年华的情感困惑　　039

1. 能不能和女孩交朋友　040
2. 为什么我总忍不住"欺负"她　043
3. 被拒绝了怎么办　046
4. 爱是付出更是责任　049
5. 有性幻想就是坏孩子吗　053
6. 早恋，那无处安放的青春　056

第四章
亲子关系：和爸妈相爱相杀的日常　　059

1. 被爸妈误会了怎么办　060
2. 妈妈，能不能别再唠叨了　064
3. 为什么总想跟父母唱反调　068
4. 请尊重我的隐私　071
5. 为什么爱把"离家出走"挂在嘴边　074
6. 和父母没有共同语言怎么办　078

第五章
人际交往：男孩该了解的一点儿交际学　　083

1. 拳头解决不了问题　084
2. 慎重对待"哥们儿义气"　088
3. 在合作中成长，在分享中收获　093
4. 不敢和老师交流怎么办　096
5. 结交良师益友，远离损友　100
6. 男子汉就要说到做到　103

第六章
文明上网：避免网络带来的健康风险　　107

1. 为什么男孩会上网成瘾　108
2. 不要成为网络游戏的俘虏　112
3. 警惕网恋的陷阱　116
4. 朋友圈的这些"好处"可能是骗局　120
5. 告别手机控，不做低头族　124
6. 生活中有趣的事情远比网上多　127

第七章
阳光心态：做个充满正能量的大男孩　　133

1. 摒弃虚荣心，爱攀比可不是好现象　　134
2. 为什么我总在意别人的看法　　138
3. 故意唱反调，并不能获得别人的理解　　142
4. 不要让自卑限制了你的人生　　146
5. 为什么总是莫名烦躁　　149
6. 老师凭什么夸奖他　　154

第八章
健康安全：平安是最大的幸福　　159

1. 如何远离校园霸凌　　160
2. 染发文身不适宜，自然健康更清爽　　163
3. 拒绝香烟的诱惑，男人味不体现在这里　　167
4. 当危险降临时，如何有效求救　　171
5. 热爱运动，让男孩更帅更阳光　　174

第九章
学海扬帆：为梦想插上翅膀　　179

1. 男孩，你在为谁读书　　180
2. 男孩不想上学怎么办　　183
3. 学习，让我怎么爱上你　　187
4. 学习学习，我的未来在哪里　　191
5. 这位老师的课不想听　　194
6. 一到考试就紧张怎么办　　198

第一章

青春蜕变

男孩身体变化的奥秘

1 为什么别人都长高了,我却没有

程东从小就因为身材矮小而感到自卑。他叔叔家的孩子小嘉,是个高大健壮的少年,两人站在一起,程东总是显得格外瘦小。随着年龄的增长,程东和小嘉之间的身高差距越来越大,这让程东心中充满了失落。

程东的初中生活并没有因为他的身高而有所改变,他依旧是那个坐在前排的瘦小男孩。每当同学们在操场上打篮球时,程东总是被排除在外,他的篮球技术并不差,但因为身高的劣势,他总是被认为会拖慢团队的节奏。无奈之下,程东只能加入啦啦队,为场上的同学们加油鼓劲,但这并没有减轻他心中的失落感。

然而,生活总是充满了意外。初中毕业后,程东考入了高中,而这一年,他的身体发生了惊人的变化。他开始迅速长高,一年之内竟然长高了15厘米。这种快速的生长让程东感到既惊喜又痛苦,因为生长带来的疼痛让他每天都备受煎熬。

程东的腿和膝盖经常感到疼痛,他意识到这可能是生长过快导致的缺钙。他决定去医院寻求专业的帮助。医生在了解程东的情况后,立刻给他开了两大瓶钙片,并嘱咐他要注意饮食均衡,补充足够的营养。

遵循医生的建议,程东开始调整自己的饮食习惯,他不仅补充了钙,还增加了蛋白质和维生素的摄入。几个月后,程东不仅身高达到了一米八,身材也变得更加匀称和健康。他从一个自卑的瘦小男孩,变成了一个自信的帅小伙。

成长指南

在评估孩子的发育情况时，我们通常依赖于时间年龄，即每过一年，孩子的年龄就增加一岁，身体也相应成熟一岁。然而，由于早产、生活习惯、基因等因素的复杂作用，单纯用时间年龄来衡量孩子的身高发育并不完全准确。

实际上，孩子的身高增长主要依赖于骨骼的生长，而骨龄才是真正反映孩子生物年龄的指标，也是判断孩子身高发育是否正常的依据。在孩子2岁之前，骨龄与时间年龄的一致性很高，但随着年龄的增长，两者之间的差异可能会逐渐增大。骨骼生长速度的不同，可能导致有的孩子一年内骨龄增长相当于半岁，而有的孩子则增长一岁甚至一岁半。

尽管骨龄的增长速度因人而异，但其终点基本相同。一般来说，男孩在骨龄达到16岁时，女孩在骨龄达到14岁时，身高增长就会基本停止。这意味着，在达到这一终点之前，如果孩子的骨龄增长较快，后期的身高增长空间可能会较小；反之，如果骨龄增长较慢，后期的身高增长空间可能会较大。

这种现象可以解释我们在生活中观察到的一些情况：有些孩子在小学时期就长得很高，但到了初中就停止了生长；而有些孩子虽然一开始个子不高，但一直在持续生长，甚至到了高中还在长高，最终身高可能更高。这就像一场长跑比赛，谁坚持到最后，谁才是真正的赢家。

因此，定期监测孩子的骨龄是非常重要的，这不仅可以帮助我们了解孩子的身高增长速度，还可以预测孩子未来的身高增长潜力。骨龄的评估通常通过拍摄手部 X 光片来进行。如果孩子的骨龄与实际年龄相差两岁或以上，无论是提前还是落后，都可能表明存在一些异常情况。此外，如果骨龄的增长速度异常快或慢，如一年内增长两岁或一年内没有增长，也可能预示着某些生长问题的存在。

青春加油站

如何帮助青春期男孩长高

1 关注营养摄入

确保孩子的饮食中富含钙、维生素 D 和优质蛋白质，这些是促进身高增长的重要营养素。牛奶和鸡蛋是钙和优质蛋白的良好来源，建议发育期儿童每天摄入 1000 毫克钙，比成人推荐量多 200 毫克。菠菜等绿叶蔬菜也是钙的良好来源，应鼓励孩子多吃。晒太阳有助于维生素 D 的合成，进而促进钙的吸收。

2 增加体育活动

鼓励孩子参与跳绳、篮球、羽毛球等体育运动，这些活动不仅能够提高孩子的免疫力和增强体质，还能促进生长激素的分泌。研究表明，经常锻炼的孩子比不经常锻炼的孩子能多长高 4～8 厘米。

3 保证充足睡眠

　　睡眠对儿童的生长发育至关重要，建议发育期儿童每天至少睡 8 小时，并尽量在晚上 9～10 点前入睡，充分利用生长激素分泌的高峰期。

4 维护心理健康

　　长期处于负面情绪中可能会影响激素水平的稳定，限制生长激素的分泌。父母应密切关注孩子的情绪变化，并及时提供心理支持。对于不太愿意与父母交流的男孩，父母可以主动与他们沟通，帮助他们排解压力。

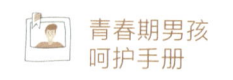

2 我的声音为什么变粗了

最近,周昊报名参加了学校的合唱团选拔,但结果出乎意料——他没有被选上。这让周昊感到非常沮丧,因为他一直以自己清澈的童声为傲,小学时还曾是合唱团的领唱。他不明白,为什么一进入初中,自己的声音就不再受到欢迎了呢?

放学后,周昊心情沉重地回到了家。他把自己关在房间里,戴上耳机,开始练习他最喜欢的歌曲《光辉岁月》。然而,当他尝试唱到歌曲中的高潮部分时,却发现自己的声音变得沙哑,无法像以前那样轻松地唱出高音。周昊不甘心,一遍又一遍地尝试,直到喉咙开始疼痛。

这时,爸爸轻轻推开门,关切地问:"昊昊,你怎么了?我听到你房间里有奇怪的声音。"

"爸爸,我在练习唱歌。"周昊有些沮丧地说,"不知道为什么,我的声音变得好奇怪,高音也唱不上去了。"

爸爸坐到周昊身边,温柔地说:"昊昊,你正在经历变声期,你的声带在发育,所以声音会有所变化。这是每个男孩成长过程中的自然现象。"

周昊疑惑地问:"爸爸,变声期是什么意思?为什么会影响我唱歌呢?"

爸爸耐心地解释:"变声期时,你的身体在成长,声带也在变化,所以声音会变得更粗、更低沉。这是正常的生理变化,不需要担心。而且,每个人的变声期经历都是不同的,有的男孩声音变化会很明显,有的则不那么明显。"

周昊听了爸爸的话,心中的困惑渐渐消散。他开始尝试用新的声音唱歌。虽然不能再像以前那样轻松唱出高音,但他发现自己的低音同样富有魅力。

"爸爸,那我以后是不是只能唱低音了?"周昊有些失落地问。

爸爸鼓励他说:"当然不是,变声期过后,你的声音会稳定下来。而且,低音也有低音的美,你可以试着发掘自己低音部分的潜力,唱出属于自己的风格。"

周昊点了点头,他决定不再为变声期的声音变化而烦恼,而是要积极面对,寻找适合自己的唱歌方式。他相信,只要努力,一定能在音乐的道路上继续前行。

成长指南

变声是青春期的一个自然现象,指的是儿童的声音逐渐转变为成人的声音,它是青春期生理变化的一部分,标志着第二性征的出现。这个过程被称为变声期,并非一个异常阶段,而是每个人成长过程中必经的生理阶段。青少年通常在 12~16 岁经历变声期,其特征包括声音变得沙哑、声带出现局部充血和水肿,以及音色的逐渐变化。变声期一般会持续半年到两年的时间。

变声期可以细分为三个阶段:初期、中期和后期,每个阶段都有其独特的表现:

变声初期: 在这个阶段,青少年的声音与儿童时期相似,但部分音域开始变得粗糙和低沉。随着时间推移,这种变化会变得更加明显。男孩可能会感到难以控制自己的声音,难以发出高音,声音的持久性和稳定性下降,有时甚至会走音或发出不寻常

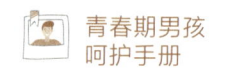

的声音。

变声中期： 这是嗓音变化最为显著的时期，声音与之前相比有了明显的差异。声音变得更加低沉和粗糙，尽管偶尔还带有童声的特点。在唱歌时，青少年可能会觉得难以控制自己的声音，高音部分尤其困难。随着变声期的推移，童声成分减少，成人声音的特征变得更加明显，直至声音完全转变为成人的低沉和厚重。

变声后期： 到了这个阶段，说话的声音已经趋于稳定，但在唱歌时可能仍会感到不稳定，且控制力不足。这一阶段的持续时间因人而异，有的短、有的长，通常持续数月。

总体而言，变声期对男生的影响比女生更为显著。女孩子在发出高音时的变化不太明显，但在低音部分可能会感到不稳定。相反，男孩子在低音时的变化不太显著，而在尝试发出高音时则可能会感到更加不稳定。

青春加油站

如何保护好你的声带

1 摄入胶原蛋白和弹性蛋白

声带长在喉头里面，是主要的发音体，主要由胶原蛋白和弹性蛋白构成。变声期青少年应增加猪蹄、猪皮、蹄筋、鱼类、豆类和海产品等富含胶原蛋白和弹性蛋白食物的摄入。

2 补充 B 族维生素和钙质

维生素 B_2 和 B_6 有助于皮肤发育，钙质促进甲状软骨生长。食物选择包括芹菜、番茄、蛋类、动物肝脏、新鲜水果（B 族维生素来源）和鱼虾、牛奶、豆制品（钙质来源）。

3 适量饮水

多喝水有助于清理咽喉残留物，减少分泌物，预防感染。避免过冷或过热的饮品，以免刺激咽喉。

4 避免刺激性食物

减少酸、苦味食物如大蒜、辣椒、生姜的摄入，以防刺激气管和喉头。禁烟酒，预防声音嘶哑。

5 细嚼慢咽

进食时应细嚼慢咽，避免快速吞咽可能带来的咽喉损伤。父母应监督孩子的进食速度，培养孩子良好的饮食习惯。

3 脖子上长了个结，她却没有

刚升入初中的刘宇最近遇到了一件令他困扰的事情。他发现自己的脖子上不知何时长出了一个硬硬的小凸起，虽然它并不影响刘宇的日常生活，如吃饭和喝水，但这个突如其来的变化还是让他感到不安。刘宇心里充满了疑惑：这是什么东西？我是不是得了什么病？其他人的脖子上也有吗？

随着时间的推移，刘宇开始注意到，不仅他自己，他的同桌和其他一些男生的脖子上也出现了类似的凸起。然而，这个现象似乎并不普遍，因为班上的女生们并没有这样的变化。这让刘宇更加好奇，难道这只是男孩特有的一种生理现象吗？

他和同桌开始讨论这个问题，同桌神秘兮兮地告诉他："我知道为什么只有男生有这个，而女生没有。"

刘宇急切地问："为什么呢？"

同桌一本正经地回答："因为男孩子不轻易哭泣，遇到伤心的事情总是强忍着，久而久之，就形成了这个'东西'；而女生经常哭泣，所以她们的脖子上就不会长这个。"

同桌的解释听起来似乎很有道理，刘宇竟然信以为真。

一天晚上放学回家后，刘宇的父亲注意到了他脖子上的小凸起，温和地对他说："儿子，要多吃点，你现在正是长身体的时候，需要充足的营养。"

刘宇转过头，有些困惑地说："爸爸，我才刚上初一，不可能一下子就长成大人吧。"

父亲笑着告诉他："你已经开始长喉结了，这是男孩进入青春期后身体变化的一部分。"

刘宇好奇地问:"哦,原来这是喉结啊!那为什么女孩子没有呢?"

父亲耐心地向他解释了青春期的一些生理变化。在父亲的详细讲解下,刘宇终于明白了自己脖子上的"不明物体"其实是青春期的正常生理现象。他也意识到,同桌之前的解释是多么荒谬和可笑,不禁笑了起来。

通过这次经历,刘宇学到了很多关于自己身体的知识,也学会了在遇到困惑时,要向可靠的人寻求正确的答案。

成长指南

在青春期的早期,男孩的身体会经历一系列显著的变化,其中之一便是喉结的发育。通常,男孩在 12~16 岁这个年龄段会开始出现喉结,这是青春期生理变化的一个明显标志。喉结的形成与咽喉部的一对甲状软骨有关,它们在男孩体内形成的夹角较为尖锐,因此喉结显得更为突出。

随着青春期的到来,男孩的声带会逐渐变长变粗,声音也会随之变得更加低沉。这一过程中,喉结的发育起到了至关重要的作用。喉结不仅影响着声音的变化,还与男孩的第二性征密切相关,如面部毛发的增长和肌肉的发达。

值得注意的是,喉结的发育速度和程度因人而异,有些男孩可能较早或较晚出现喉结,这都属于正常现象。此外,喉结的大小也受到遗传因素的影响,不同个体之间可能存在差异。不过,无论喉结的大小如何,它都是男孩青春期正常生理发育的一部分。

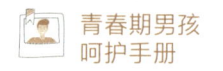

青春加油站

为什么有的男孩喉结不明显

1 遗传因素

男孩喉结的发育往往与家族遗传有关，例如，如果他们的爸爸、叔叔或伯伯等亲属的喉结不太明显，那么他们也可能遗传这一特征。

2 体形影响

如果一个男孩的其他第二性征发育正常，但喉结不明显，这可能与他的体重有关。通常，较瘦或体形适中的男孩喉结更容易被观察到。相反，体形较为肥胖的男孩可能因为脖子较粗，喉结不那么明显。在这种情况下，减肥可能有助于喉结的显现。

3 健康问题

如果一个男孩的喉结不明显，并且伴有其他异常症状，这可能是由于雄性激素分泌异常，即雄性激素水平过低所导致的。这种情况需要及时就医，进行全面的检查。因为雄性激素分泌不足可能会影响男孩的生长发育，甚至可能影响生育能力。

4 身上开始长毛了

在一个炎热的夏日午后,陈辰与他的好友程磊、王恺、明朗一同前往篮球场挥洒汗水。篮球比赛结束后,四人回到王恺家中,一边喝水一边休息。

王恺的妈妈注意到,除明朗外,其他三个孩子都穿着清凉的短袖和短裤,而明朗却穿着长袖、长裤,衣服已经被汗水湿透了。

王恺的妈妈好奇地问明朗:"明朗,你看他们几个都穿短袖、短裤,你怎么穿长袖、长裤呢?这么热的天,你穿这些不热吗?"

程磊调皮地插话道:"阿姨,明朗是个野人,嘿嘿,他不敢穿短袖。"

"什么野人?"王恺的妈妈有些困惑。

明朗无奈地笑了笑,然后撩起自己的袖管,指着胳膊上的汗毛说:"阿姨,您看,我胳膊上、腿上长了这么多汗毛,就连前胸这里也长了很多毛,简直就是一个野人。阿姨,我这是不是有病啊,身上怎么这么多毛?为什么他们身上都没这么多呢?"

王恺的妈妈明白了,笑着说:"明朗,你这种现象是正常的。身上长毛是进入青春期的正常生理现象,体毛的多少因人而异,这是你由男孩成长为男子汉的标志之一,你应该感到高兴才对。"

明朗说:"可是我觉得这个样子太难看了,就想拔掉一些。"

王恺的妈妈立刻提醒他:"千万不要拔它。这些体毛有很好的保护作用,可以保护你的皮肤免受外来细菌、外伤等的侵袭。如果拔掉体毛,可能会引发皮肤炎症,甚至危害你的身体健康。"

明朗叹了一口气,说:"那我还是留着它们,坦然接受它们存在的命运吧。"

程磊像大人一样拍了拍明朗的肩膀，一字一顿地说："接受吧，这是你的命。"

明朗白了程磊一眼，随后冲王恺的妈妈笑了笑，心中的担忧也随之消散。通过这次对话，明朗学会了接受自己的身体变化，并以积极的心态面对成长。

成长指南

青春期的男孩会经历一系列显著的身体变化，其中之一便是体毛的出现，这可能会让他们感到困惑。从医学角度来看，体毛的生长是由雄性激素所驱动的，而男性体内的雄性激素水平普遍高于女性，因此男性的体毛也相对更为浓密。

体毛的多少和分布存在个体差异，这主要受遗传基因、激素水平（特别是雄性激素）以及后天因素（如饮食、情绪、健康状况等）的影响。雄性激素在体毛生长中起着至关重要的作用，它促使细小的绒毛发育成为成熟的毛发。随着青春期的到来，男孩体内雄性激素水平升高，体毛会变得更加粗糙和长。

毛囊对雄性激素的敏感度也因人而异。一些人的毛囊对激素非常敏感，即使是少量的激素也能迅速促进毛发生长；而另一些人的毛囊则相对不敏感，即使激素水平较高，体毛的生长也相对缓慢。这种差异解释了为什么有些男孩的体毛多，而有些则相对较少。

除了雄性激素水平，毛发生长还受到雄性激素受体的影响。例如，头皮毛囊对雄性激素异常敏感，在雄性激素刺激下头发的生长周期会缩短，毛囊会萎缩。而面部和腋下区域的毛囊则缺乏雄性激素受体或对雄性激素不敏感，因此不会受到同样的影响而萎缩。

体毛增长是青春期激素变化的结果，是完全正常的生理现象。男孩不必对此感到不安或尴尬。除非体毛的生长程度异常，否则没有必要过分担心。重要的是要避免使用手或镊子等工具强行拔除体毛，这样的行为不仅会带来疼痛，还可能导致皮肤损伤和感染。实际上，体毛在人体中扮演着重要的角色，它们像一道屏障，帮助防止细菌和其他微生物的侵入，保护我们的皮肤免受感染。因此，对于体毛，我们应该以一种更加积极和科学的态度来对待，认识到它们对我们健康的积极作用。

青春加油站

不要随便乱拔这些体毛

1 鼻毛

在我们不注意的情况下，鼻毛总是偷偷长出来。清理鼻毛的时候最好不要用拔的，这样很容易让我们的鼻腔毛孔感染，引起红肿，正确的方式是用专业工具修剪。

2 眉毛

眉毛影响一个男生的帅气程度，但修整时建议避免拔除，

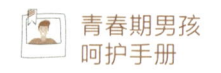

因为眉毛区域有许多神经和血管,频繁拔眉可能会对皮肤造成损伤,引起皮肤红肿、疼痛等。建议使用眉刀和眉剪进行修剪。

3 胡子

我们的唇部周围有很丰富的血管,拔胡子很容易引起感染。最好使用剃须刀,且剃须前记得清理好工具以及脸部,还要做好脸部润滑,注意剃须手法。

4 胸毛

一些男性天生拥有浓密的胸毛,有时候看起来很性感,但有时也显得不太雅观。不建议自行拔除胸毛,更推荐使用刮胡刀轻柔地剃除多余的毛发,以保持外观的整洁。

5 小胡子引发的风波

舒成和王浩是一对好朋友,但最近他们之间发生了争执。起因是王浩在同学面前嘲笑舒成脸上浓密的络腮胡子,说他看起来像原始森林里的黑猩猩。舒成听到这样的讽刺,愤怒地回应道:"你竟敢取笑我,你脸上那么干净,做事肯定不靠谱,简直就是个娘娘腔。我看你还没长大,还是个婴儿,快回家喝奶去吧。"

两人你来我往,争吵声越来越大。班主任得知情况后,特意请来了生理卫生课的老师,将原本的班会课改为生理卫生课,让学生们了解青春期的生理变化。

课后,王浩心情沉重地趴在桌上,偷偷观察班里的男同学们,发现许多人都长出了胡须,而自己却还没有。他开始怀疑自己是否真的像舒成所说的那样,还没有长大。老师在课上说男生长胡须是正常的生理现象,这让王浩更加困惑自己是否不正常。

王浩情绪低落地回到了家,这一幕被坐在沙发上看报纸的爸爸注意到了。爸爸关心地问王浩发生了什么事。

王浩将自己的担忧告诉了爸爸。爸爸听后,笑着安慰他说:"傻孩子,你们班上的男同学都比你大一些,所以你会晚一些进入青春期。每个人的胡须生长速度和时间都是不同的,你不必担心。当你的身体准备好了,胡须自然就会生长出来。"王浩听了爸爸的话,心中的不安慢慢消散,他明白了每个人的成长节奏都是独特的,不必因为和别人不同而感到焦虑。

成长指南

男孩在 15 岁左右开始长胡须，这是男性第二性征发育的标志，是一种正常现象。胡须的萌发始于上唇的两侧，随着时间的推移，它们会逐渐向中间延伸，最终覆盖整个上唇区域。随后，两鬓和下巴也会开始长出胡须，为面部增添一抹男性特有的粗犷之美。

胡须的出现代表着男孩体内雄性激素水平的升高，这些激素促进了毛囊的生长，使得原本细小的汗毛逐渐变得粗硬和浓密。这是一种完全自然且健康的生理过程，是每个男孩成长过程中的必经之路。

然而，胡须的生长速度和密度因人而异，受到遗传、激素水平、营养状况等多种因素的影响。有些男孩可能较早或较晚开始长胡须，有的可能胡须较为稀疏，而有的则可能胡须茂密。重要的是，无论胡须的生长情况如何，都应被视为正常的生理现象，无须过分担忧或比较。

青春加油站

男孩剃须的正确步骤

1 清洁皮肤

剃须前，应先用中性肥皂洗净脸部。如脸上、胡须上留有污物，在剃须时，因剃刀对皮肤会产生刺激，或轻微地碰伤皮肤，污物会引起皮肤感染。

2 软化胡须

洗净脸后，再用热毛巾捂胡须，或将软化胡须膏涂于胡须上，使胡须软化。过一会儿再涂上剃须膏或皂液，以利于刀锋对胡须的切割和减轻对皮肤的刺激。

3 正确剃刮

剃须时应绷紧皮肤，以减少剃刀在皮肤上运行时的阻力，并可防止碰破皮肤。剃须的顺序是：从左至右，从上到下，先顺毛孔剃刮，再逆毛孔剃刮，最后顺刮一次就可基本剃净。剃刮完毕，把泡沫用热毛巾擦净或用温水洗净后，应检查一下还有没有胡茬。

4 剃后保养

剃刮胡须对皮肤有一定的刺激，剃须后可用热毛巾再敷上几分钟，然后可选用诸如须后膏、须后水、护肤霜之类外搽。这样可形成保护膜，使皮肤少受外界刺激。

6 青春痘痘惹人烦

13岁的李磊刚上初二,最近因为脸上的青春痘而变得有些自卑。那些红肿的痘痘不时地提醒着他青春期的到来,让他在镜子前感到无奈,尤其是在他暗恋的女生面前,他总是不自觉地低下头,用手遮住脸颊。

一次偶然的机会,李磊向学校的生物老师倾诉了自己的困扰。老师认真地听着,然后用专业知识为他解惑:"青春痘是青春期常见的皮肤问题,主要是激素变化导致皮脂腺活跃,毛囊堵塞。但别担心,通过合理的生活习惯和饮食调整,可以有效地控制它。"

老师的话给了李磊信心。他开始按照老师的建议,调整作息,保证充足的睡眠;在饮食上,他减少了油炸和辛辣食物的摄入,增加了蔬菜和水果的比例;每次洗脸时,他都用温水和适合自己肤质的洗面奶,轻柔地清洁皮肤。

几周后,李磊脸上的痘痘明显减少,皮肤变得更加光滑。虽然偶尔还会有一两颗痘痘出现,但他已经不再像以前那样焦虑。他意识到青春痘只是成长过程中的一部分,学会了用平和的心态去面对。

成长指南

青春痘通常与青春期联系在一起,因为在这个阶段,人体内的激素水平正在经历调整,以达到一种成熟的平衡状态。然而,青春痘并不局限于青少年,它可能出现在任何年龄段,从新生儿到老年人都可能受到影响。

青春痘的成因多种多样，主要归咎于三个因素：皮脂腺分泌旺盛、毛囊角化过度导致堵塞，以及细菌滋生引发的炎症。

简单来说，青春痘是皮肤中的皮脂腺开口被堵塞所引起的。皮脂腺负责分泌皮脂，这种油脂有助于保持皮肤的润泽。但是，当皮脂的排出通道受阻，皮脂就会在腺体内积聚。随着油脂和细胞代谢物的不断积累，皮肤表面就会出现一个个小凸起。与肤色相同的凸起就是所谓的白头粉刺。如果堵塞发生在皮肤表层，堆积物会使皮脂腺开口处的皮肤凸起，形成黑头粉刺。当皮脂腺内的堆积物越来越多，腺体被撑大到一定程度后，就会破裂，将油脂成分泄漏到皮肤深层，引发炎症反应，形成红肿疼痛的痘痘。如果炎症没有得到及时和适当的治疗，就会吸引更多的炎症细胞，形成脓疱，这些炎症反应是导致青春痘疤痕形成的关键因素。

青春加油站

长青春痘时，如何护理及调养皮肤

1 避免挤压青春痘

切记不要用手或其他物品挤压痘痘，这种行为可能引发炎症的扩散，使病情恶化，甚至可能导致疤痕的形成。

2️⃣ **保持面部清洁**

　　确保毛囊和皮脂腺导管畅通无阻。每天使用温水清洁面部（冷水可能无法有效去除油脂，而热水可能刺激皮脂分泌），避免使用具有刺激性的肥皂。洗脸次数应适中，建议早晚各一次，以维护皮肤的正常皮脂膜。

3️⃣ **健康饮食**

　　增加蔬菜和水果的摄入，减少高脂肪、高糖和辛辣食物的摄入，以帮助控制痘痘的发展。

4️⃣ **维护消化系统健康**

　　注意调节胃肠功能，确保排便顺畅，有助于身体毒素的排出。

5️⃣ **适度运动与防晒**

　　保持适量的体育活动，有助于促进新陈代谢，但同时要注意避免过度日晒，并且要有规律的作息时间，确保有充足的睡眠和良好的睡眠质量。

6️⃣ **心理调适**

　　面对青春痘，保持积极乐观的心态至关重要。不要因为痘痘而产生心理压力，以免引起内分泌紊乱，使情况加重。

第二章

身体秘密

那些难以启齿的烦恼

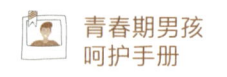

1 精子是怎么产生的

一天下课后，王浩的好友振楠突然神秘兮兮地靠近他，轻声问道："王浩，你知道精子是什么吗？"王浩一脸迷茫地摇了摇头。振楠的声音更低了，几乎贴在王浩耳边："我昨天在网上看到，精子能够变成小人儿，就在这里。"说着，振楠还故意四处张望，然后偷偷指向自己的下体。

王浩感到有些尴尬，担心其他同学听到他们的谈话，他连忙对振楠说："好了，别在这里说，我们放学后再讨论。"

放学铃声一响，王浩和振楠一起走出校门，找了个没人的角落，振楠终于可以大胆地问："王浩，你真的不好奇精子是什么吗？"

王浩疑惑地看着振楠："你是说我的小弟弟里藏着一个完整的人？这听起来太不可思议了，我可不信。"

振楠坚持说："你不信就算了，但我告诉你，真的是这样，我昨天在网上看到的。"王浩回应说："网上的信息不一定都是真的，我今晚要回家查查书，明天我们再讨论。我得亲眼看到科学解释才会相信。"

晚上回家后，王浩完成了作业，便迫不及待地翻阅父亲送的那本科学读本，寻找精子的相关信息。他惊讶地发现，精子虽小，却承载着生命的奥秘，这让他感到十分震撼，不由得对生命的奇妙产生了深深的敬意。

成长指南

精子的生成是一个复杂而精细的生物学过程，它始于男性的生殖系统核心——睾丸。在睾丸的深处，存在着一种特殊的细胞，名为精原细胞。这些细胞是精子发生的起点，它们携带着遗传信息，准备进行一场奇妙的转变。

精原细胞通过一个称为精子发生的过程，逐渐分化和成熟。这个过程需要 2~3 个月的时间，精原细胞会经历一系列的变化，包括细胞分裂和形态的改变，最终发育成为我们熟知的、具有尾巴的精子形状，它们看起来有点像小蝌蚪。

青春加油站

怎样才能提高精子的质量和活性

1 多吃有营养的食物

选择富含锌、硒等微量元素的食物，如海产品、新鲜蔬果和高蛋白食品。均衡饮食，避免挑食，为精子提供必需的营养。

2 避免让私处一直处于高温的状态

精子的适宜存活温度为 35℃，应避免长时间的高温环境，如泡温泉或蒸桑拿，以及穿着过紧的衣物，以防局部温度升高，影响精子健康。

3 不要抽烟喝酒

抽烟和饮酒会损害精子，增加畸形率，降低活力。计划怀孕前至少 3 个月应戒烟戒酒，以提高受孕成功率和胎儿健康。

4 积极进行体育锻炼

定期锻炼不仅有助于减肥和增强体质，还能提高精子质量。持之以恒，避免间歇性锻炼，以确保长期效果。

2 正确认识男孩的第一次梦遗

一天深夜,小磊突然醒来,发现自己的短裤湿漉漉的。他心中涌起一股羞愧,担心自己是不是尿床了。他急忙检查床铺,却发现床单和被子都干爽如初,并没有被弄湿。小磊感到困惑,用手触摸湿透的短裤,感觉黏稠,显然不是尿液。他内心有些紧张,感到这可能不是一件好事,于是迅速换下内裤,将其藏到床下的盒子里。

这样的情况接连发生了几次,每次小磊都会偷偷地将内裤藏起来。他心中充满了忧虑,既担心自己的健康,又害怕父母发现这个秘密。然而,秘密终究难以长久隐藏。在一次家庭大扫除中,妈妈在小磊的床下发现了那个装满内裤的盒子,她立刻意识到发生了什么。妈妈没有责怪小磊,而是给爸爸发了一条信息,希望他晚上能早点回家,给小磊讲解一些生理知识。

在爸爸的耐心解释下,小磊终于明白了自己身体正在经历的自然变化。他了解到这是青春期的正常现象,是身体成熟的标志。通过这次经历,小磊学会了如何正确面对和处理这种生理现象,内心的不安和恐惧也随之消散。

成长指南

遗精是男性青春期的一个自然生理现象,它标志着生殖系统的成熟和性激素水平的上升。与女性在青春期开始行经一样,遗精是

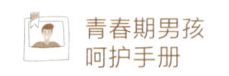

男性生殖腺发育的自然结果。青春期的男孩会经历性冲动，体内的精液在达到一定量后，会通过遗精的方式自然排出，这种现象在医学上被称为"精满自溢"。

遗精通常发生在两种情况下：一种是在清醒状态下，称为滑精，这可能在受到性刺激或心理压力时发生；另一种是在睡眠中，称为梦遗，通常与梦境中的性内容有关。无论是滑精还是梦遗，遗精都是正常的生理过程，是身体调节精液量的一种方式。

遗精不应被视为尴尬或不健康的事情。它是青春期男孩性发育过程中的一个自然环节，反映了身体对性激素水平变化的适应。了解遗精的生理机制有助于减少青春期男孩在面对这一现象时的困惑和焦虑，帮助他们以更健康的心态接受自己身体的变化。家长和教育者也应该提供适当的指导和支持，帮助青少年正确理解这一生理现象，促进他们的身心健康成长。

青春加油站

青春期男孩遗精怎么办

1 家长的引导至关重要

青春期的男孩在性生理上虽已成熟，但性心理仍处于发展阶段。面对初次遗精，他们可能会感到困惑甚至恐慌。家长应以尊重和理解的态度，向孩子传授科学的性知识，帮助他们正确认识这一生理现象。通过适当引导，孩子能够更好地适应身体的变化，减少焦虑。

2 生理卫生教育不可或缺

家长应教育孩子注意个人生理卫生，避免给孩子穿着过紧的裤子，以免影响睾丸的正常功能。紧身裤可能导致阴囊温度升高，影响精子发育。同时，过紧的裤子可能增加对阴茎头的摩擦，诱发性冲动。家长应指导孩子定期清洗外生殖器，保持清洁，预防炎症。

3 培养健康的性心理和性道德

家长和教育者应引导青少年培养健康的性心理，鼓励他们发展广泛的兴趣爱好，避免男孩沉迷于不健康的性幻想或性刺激。通过培养健康的性观念和道德标准，帮助青少年建立正确的性态度，避免走上错误的道路。

4 专业指导和运动缓解

青春期男孩遗精属于正常现象，一般每月发生1～2次。如果遗精频率超出正常范围，不应恐慌，而应及时就医，查明原因并接受专业治疗。同时，适当的运动也有助于缓解遗精现象，促进身心健康。

3 包皮过长是怎么回事

暑假来临,小延兴奋地计划着去奶奶家,期待与大伯家的豪杰哥哥一起玩耍。然而,当他兴冲冲地到达奶奶家时,却发现豪杰哥哥并不在家。奶奶告诉他,豪杰哥哥去做了个小手术。听到"手术"二字,小延的心中涌起了一股紧张感,他急忙询问具体情况。

奶奶耐心地解释说,豪杰哥哥并没有生病,而是去做了一个简单的手术——割包皮手术。小延的好奇心被彻底点燃,他不解地问爸爸:"为什么要割掉包皮呢?"爸爸听后忍俊不禁,解释道:"不是割掉包皮,而是割掉多余的包皮,这样有利于健康。"

小延这才松了一口气,他恍然大悟道:"哦,原来是这样,我还以为是要彻底割掉包皮呢!"爸爸接着解释,割包皮手术是一种常见的小手术,可以预防一些健康问题,比如包皮垢堆积导致的炎症等。

小延认真地听着,心中的疑惑逐渐消散。他开始理解,身体的某些部位需要适当的关注和护理,以保持健康。这次经历也让小延对自己的身体有了更深的认识,学会了如何正确看待和处理一些生理问题。

成长指南

在生活中,许多男孩可能对包皮存在一些误解,甚至忽视了它的重要性。包皮并不仅仅是阴茎上多出的皮肤,它有着更为复杂和重要的生理功能。简单来说,包皮是覆盖在阴茎前端的皮肤,由内外两层皮肤相互折叠形成。在这两层皮肤之间,是一层结构疏松且具有弹性的结缔组织，这使得包皮能够自由地滑动，其移动范围有时可达数厘米。

包皮的弹性为阴茎的勃起提供了必要的空间，同时，它还能有效地保护阴茎的前端——龟头。特别是在婴幼儿时期，龟头及其表面的黏膜组织尚未完全成熟，包皮的保护作用就显得尤为重要。此外，包皮还能维持龟头表面的神经敏感性。龟头上的神经在受到适当刺激时会触发射精反应，而包皮的存在有助于保持这些神经的敏感度在适宜的范围内。

然而，包皮并非越长越好。如果包皮过长，可能会对日常生活造成影响。特别是当包皮长度超出正常范围，且包皮口过小，缺乏弹性，包皮无法自由滑动，紧紧包裹住龟头，无法展开，这种情况称为包茎。包茎不仅可能影响性生活的质量，还可能对健康造成严重影响。

因此，了解包皮的生理功能和可能的问题对于男孩来说非常重要。适当的关注和护理，以及在必要时寻求专业医疗建议，都是保持生殖健康的重要措施。

青春加油站

青春期男孩清洗包皮要注意什么

1 洗手

在开始清洗前，务必先洗净双手，以避免将手上的细菌带到敏感区域。

2 水温

使用温水进行清洗,避免使用过热或过冷的水,以减少对皮肤的刺激。

3 轻柔操作

在清洗过程中要手法轻柔,避免用力过猛,以防对阴茎造成伤害。

4 包皮处理

如果包皮过长,应将其完全翻开以清洗龟头和冠状沟,清洗完毕后再将其恢复原位。

5 清洁产品

可以使用温和、无香料的清洁产品进行清洗,但应避免过度擦洗,以防止皮肤受损。

6 清洗频率

每天清洗一次通常就足够了,过度清洗可能会破坏皮肤的自然屏障,反而不利于健康。

4 如何正确保护好"小弟弟"

在一次初中部的体育课上,陈煜和同学们热情地踢着足球。不幸的是,在一次防守中,他不慎被对方同学踢中了裆部。剧烈的疼痛让他瞬间倒地,痛苦地哭泣和呻吟,这一幕让在场的同学们和体育老师都感到非常震惊和担忧。他们迅速将陈煜送往校医室。

在校医室,医生迅速采取了紧急措施,为他提供了止痛药,并进行了必要的检查。随后,医生联系了陈煜的家长,告知了这一情况。

家长到达学校后,决定带孩子去医院进行更全面的检查,以确保没有遗漏任何潜在的问题。第二天,陈煜回到了学校,尽管还有些不适,但他向关心他的同学表示,只需要休息几天就会康复。

这次意外引起了班主任的高度重视。两天后,在班会课上,班主任特别邀请了负责生理卫生课的秦老师,为大家讲解了身体隐私部位的重要性,并强调了在运动和日常打闹中保护自身安全的重要性。秦老师提醒大家,在享受运动乐趣的同时,也要注意安全,避免发生类似的不幸事件。

这次生理卫生课让同学们受益匪浅。他们不仅学到了如何在玩耍和运动时保护自己,也意识到了在互动中避免伤害他人的重要性。

成长指南

日常生活中,即使是轻微的撞击或挤压,也可能给睾丸带来剧烈的疼痛,严重时甚至可能导致晕厥。在影视作品中,我们经常看

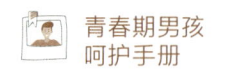

到男性角色在下体受伤后,表现出极度的痛苦,甚至无法站立。这些情节虽然有戏剧夸张的成分,但也反映了睾丸损伤可能带来的严重后果。

睾丸的脆弱性部分源于其外部的阴囊组织,这部分组织相对松弛,难以提供足够的保护,使得睾丸容易受到外界的冲击和伤害。一旦睾丸受损,不仅会带来剧烈的疼痛,还可能对性生活和生育能力造成长远的影响。

因此,对于青春期男孩而言,保护好自己的生殖器健康至关重要。青少年正处于活力四射、好奇心强的年纪,他们好动、爱玩、敢于尝试,但由于生活经验不足,他们可能在不经意间伤害到自己和他人。因此,青少年应该学习并掌握必要的自我保护意识和方法,以避免受到伤害。

青春加油站

睾丸受了外伤,怎么办

1 休息与护理

当睾丸不慎遭受撞击或磕碰,导致局部疼痛和不适时,如果疼痛程度不严重,可以通过卧床休息来缓解症状。在休息期间,应特别注意将阴囊部位适当垫高,这有助于减少该区域的水肿,从而缓解疼痛和不适。

2 冷热敷治疗

对于处于急性期的睾丸损伤（通常指损伤后的 24 小时内），应用湿毛巾进行局部冷敷，以收缩血管，减轻肿胀和疼痛。若损伤时间超过 24 小时，可以转为热敷，以促进血液循环，加速淤血的吸收和消散，从而促进恢复。

3 药物治疗

在睾丸磕伤导致较为剧烈的疼痛时，根据需要，可以在医生指导下服用非处方的止痛药物，以缓解疼痛。

4 及时就医

如果睾丸受到磕碰，无论疼痛程度如何，都应尽快就医。医生会根据患者的具体情况，制订合适的诊疗方案。及时的医疗干预对于预防并发症和确保恢复至关重要，切勿因忽视而延误治疗。

5 为什么早晨起来"小弟弟"会勃起

有一段时间,小嘉每天清晨醒来都会发现自己的阴茎处于勃起状态,硬度甚至能让薄薄的睡裤显得凸起。为了避免被父母注意到这一尴尬的情况,他总是弯腰驼背地前往卫生间。

一天早晨,小嘉依旧睡眼惺忪地以这种姿势走向卫生间。妈妈看到他的样子,立刻责备他:"小嘉,你怎么走路像个小老头,快把腰挺直,不然真的要驼背了。"小嘉尴尬地看了妈妈一眼,然后快速逃向卫生间。

这时,爸爸轻声对妈妈说:"你没注意到小嘉的阴茎勃起了吗?你还让他挺直腰,那不是让他的秘密暴露无遗吗?"

听到爸爸的话,妈妈也感到有些羞愧,责怪爸爸:"你刚才怎么不提醒我?"

爸爸无奈地回答:"在小嘉面前我怎么好提醒你,他会更不好意思的。你作为妈妈,也应该更细心一些,小嘉现在正处于青春期,我们说话要更注意方式。"

成长指南

青春期的男孩如果对早晨阴茎勃起的现象感到好奇,就需要对阴茎的结构有所了解。阴茎由龟头、阴茎体和根部组成。阴茎体是其主要部分,由一条尿道海绵体和两条阴茎海绵体构成。这些海绵体外被丰富的筋膜所包裹,而筋膜之外则是皮肤。青春期男孩早晨阴茎勃起，很大程度上与膀胱充盈有关。一夜的尿液积累会使膀胱充盈，进而导致阴茎根部的肌肉在准备排尿时自然收缩。只有少数情况下，男孩可能会因为梦境中的性刺激而经历性兴奋导致阴茎勃起。

不论是由哪种原因引起的，早晨的阴茎勃起都是正常的生理现象。青春期的男孩应该了解这一点，并知道这是身体成长过程中自然发生的一部分，无须感到担忧或尴尬。通过正确理解身体的这些变化，男孩可以更加自信地度过青春期的生理变化阶段。

青春加油站

青春期男孩早晨出现阴茎勃起应如何处理

1 顺其自然不干预

晨勃通常随着年龄的增长而自然减少。这是因为随着年龄增长，男性体内的激素水平和血液循环可能会发生变化，从而影响勃起的频率和质量。大多数情况下，这种减少是自然的生理过程，不需要特别的治疗或干预。

2 警惕健康问题

如果晨勃持续时间过长，或者伴随着疼痛、红肿等不适症状，这可能是某些健康问题的信号。例如，前列腺炎可能导致

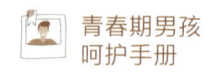

会阴部或下腹部的疼痛，而阴茎损伤可能引起局部的红肿和疼痛。这些症状可能影响晨勃的质量和频率，需要引起注意。在这种情况下，建议及时就医，进行专业的检查和诊断。

3 保持良好的生活习惯

保持规律的作息、均衡的饮食、适量的运动和避免吸烟饮酒等，都有助于维护生殖健康。

第三章

情窦初开

花样年华的情感困惑

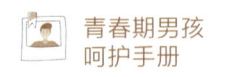

1 能不能和女孩交朋友

小杰注意到最近班上有好几位同学似乎都沉浸在甜蜜的恋爱气息中，不论是操场上的窃窃私语，还是图书馆里偷偷交换的眼神，都透露着青春的悸动。小杰的好友小强也不例外，他悄悄地告诉小杰，自己对班上的一位女生产生了好感。

小强请求小杰帮忙，传递他精心准备的礼物和情书给那位女生。小杰心里有些疑惑：为何要如此偷偷摸摸？难道恋爱就一定要这样躲躲藏藏吗？如果恋爱总是让人提心吊胆，那它的意义又在哪里？

这个问题让小杰陷入了深深的思考，他开始探索自己对于友谊和恋爱的理解。小杰决定，他要尝试与女生建立一种纯粹的友谊，就像他与男生之间的友谊一样，没有杂念，只有真诚。

小杰开始与班上的一位女生，小美，建立友谊。他们一起讨论学习，分享兴趣爱好，甚至一起参加学校的社团活动。然而，好景不长，班上的同学们开始窃窃私语，议论小杰和小美的关系。他们不明白，为何小杰要如此公开地与女生交往，而不是像其他人那样保持低调。

小杰试图向同学们解释，他与小美之间的友谊是纯洁的，但似乎没有人愿意相信。流言蜚语像野火一样在校园里蔓延，甚至传到了班主任的耳朵里。班主任觉得小杰和小美的关系可能影响学习，于是决定介入，通知了双方的家长。

面对家长和老师的压力，小杰和小美不得不将他们的友谊转移到了"地下"。他们开始在课余时间秘密见面，分享彼此的心事和梦想。这种秘密的交往，让小杰感到了一种前所未有的紧张和刺激，他不禁开始怀疑，自己是不是真的在谈恋爱。

成长指南

青春期的孩子渴望与异性交往，这是他们心理发展中的自然需求。家长应该以积极的心态来看待这一现象，认识到异性交往对孩子个性的丰富和思考方式的多元化具有积极作用。调查显示，许多青少年希望父母能提供有效的异性交往指导，但往往因为追求独立和自主，或担心父母的不理解而不愿开口。

家长应该像对待朋友一样尊重孩子，给予信任和鼓励，让孩子在与异性的互动中相互激励和学习。这样，孩子更愿意分享内心的想法，家长也能更好地理解孩子，减少对孩子与异性交往的担忧。

在人际交往中，界限的设定至关重要。家长可以和孩子讨论异性交往中的身体和心理界限，教导他们如何识别并维护自己的界限，同时尊重他人的界限。这包括了解身体接触的限度和心理独立性，学会拒绝不合理的要求，保护自己的隐私。

家长也可以和孩子探讨"喜欢"和"爱"的区别，分享自己的恋爱经历，帮助孩子理解青春期的好感是美好的，但不宜过早深入爱情。鼓励孩子将对异性的欣赏转化为成长的动力，明白好感是正常的，但需要等待成熟时再发展深层次的感情。

青春加油站

与女孩正确交往的几点建议

1 真诚自然

男女同学间的交往应基于相互尊重和自尊,以自然、真诚、友好的方式发展友谊。交往中要保持文明礼貌,避免不适当的言行,维护自己的尊严。

2 注意时间地点

与异性交往时要考虑时间、地点和方式,避免误会。应在集体活动中发展友谊,避免私下赠送礼物或单独相处。

3 情感管理

当对异性产生超出友谊的情感时,要学会控制,不要轻易表达,因为青少年尚未成熟到可以承担恋爱的责任,应将情感保持在友谊的界限内。

4 发展业余爱好

积极参加各种文体和户外运动,将精力投入到学习和有益身心的活动中,有助于转移注意力,减少性冲动。

2 为什么我总忍不住"欺负"她

程成一直以温和著称,但对同桌杨柳的态度却日渐苛刻,这让他自己也感到困惑。他们曾是班上公认的模范同桌,程成总是彬彬有礼,乐于助人。在学习上,他们互补互助:杨柳的语文成绩优异,而程成的数学能力突出,因此他们组成了一个高效的学习小组。一学期的努力让他们的成绩都有了显著的提升。新学期伊始,老师为了表彰他们的优异表现,特意保留了他们的同桌关系。

然而,随着新学期的展开,程成开始无意识地挑衅杨柳。在课堂讨论中,他故意提出与杨柳相反的观点,甚至在体育课上,当杨柳跑步落后时,程成会不自觉地嘲笑她。程成发现自己在看到杨柳气鼓鼓的样子时,竟然感到一种莫名的满足感。尽管杨柳多次与程成发生争执,程成却似乎无法控制自己的行为。杨柳最终忍无可忍,向老师请求更换座位。程成和杨柳的"最佳学习小组"也因此宣告解散。

成长指南

青春期是孩子成长旅程中的一个重要里程碑,它不仅伴随着身体上的显著变化,也伴随着心理和情感的深刻转变。在这一时期,孩子可能会感到困惑和好奇,有时甚至会出现一些冲动或难以控制的行为。孩子对异性的兴趣日益浓厚,但他们表达这种兴趣的方式多种多样。一些孩子可能会采取较为直接甚至粗鲁的方式来吸引异性的注意。例如，男孩可能会在女孩面前大声讲话，高调展示自己的见解，以引起她们的兴趣；或者通过捉弄女孩，如拽她们的头发，来引起她们的反应；还有的男孩可能会偷偷拿走女孩的物品，以此为乐。同样，女孩也可能通过在男孩面前变得特别活跃或大声喧哗来吸引他们的注意。

青春期的孩子渴望得到异性的关注，这是一种非常正常且普遍的现象。就像上面故事中的程成对杨柳的捉弄，并不是因为他调皮，而是因为他对她有好感，但又不知道如何以更成熟的方式表达。

青春加油站

青春期男孩总忍不住欺负女孩子怎么办

当男孩进入青春期，突然表现得爱欺负某个女孩时，家长和老师无须过度紧张或慌乱。重要的不是简单地禁止他们的行为，而是要正确地引导孩子。

1 保持冷静

青春期是孩子自我认知形成的关键时期。孩子可能会表现出叛逆或不听话，有时甚至与父母发生冲突。在这种情况下，家长应该冷静地接受孩子的变化，给予他们时间和空间来调整情绪，学会自我控制。

2 正面激励

家长可以利用孩子对异性的兴趣，鼓励他们关注自己的行为和形象。例如，如果孩子在课堂上不专心，家长可以提醒他们，认真听讲、学习优秀的同学更容易吸引异性的注意。这样的正面激励可以帮助孩子在学习和行为上作出积极的改变。

3 阅读探秘

家长可以利用关于青春期的书籍作为沟通的桥梁，帮助孩子理解他们正在经历的变化，并引导他们健康得体地与异性交往。通过阅读和讨论，家长可以与孩子共同探索青春期的奥秘，建立更深层次的理解和信任。

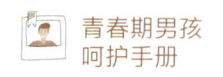

3 被拒绝了怎么办

小刚和小雅,高中时只是偶尔在校园里相遇时点头致意的普通同学。后来,小刚偶然获得了小雅的联系方式,两人开始频繁地通过电话和短信交流。在不断的对话中,小刚发现自己对小雅的关心超出了朋友的范畴,他意识到自己已经喜欢上了她。

两周前,小刚鼓起勇气,为小雅精心挑选了一顶帽子和一条围巾作为礼物,希望通过这份礼物表达自己的心意。在送礼物的时候,他坦白了自己的感情。然而,小雅得知小刚的感情后,开始回避他,不再像以前那样频繁地联系他,甚至在校园里遇见时也会故意绕道而行。

小刚感到困惑和失落,不明白小雅为何拒绝接受他的感情,却又不直接给出一个明确的答案。他注意到,小雅偶尔会戴着他送的帽子,但就是不接受他的爱意。他很迷茫,不知道该怎么办。

成长指南

当少男少女步入青春期的大门,他们往往会不由自主地对异性产生好奇和倾慕之情。在与异性的交往中,初恋带来的烦恼尤为常见。初恋的感觉开始时总是美好而纯粹的,但正因其纯粹,也显得格外脆弱。初恋的萌发往往伴随着急切和强烈的情感,但这种情感的表达并不总能得到对方的接纳,有时甚至会遭到拒绝。

面对拒绝，青少年可能会感到失落，这种情绪的波动有时会影响到他们的学习。然而，这种不被认可的感觉，对于心理尚未完全成熟的青少年来说，可能会对他们的自信心造成打击。但这是一种不成熟的看法，因为一个人的价值并非由他人的看法所决定，而是由多方面因素共同构成的。

在生活中，能够第一次恋爱就找到终身伴侣的例子并不多见。被拒绝并不是羞耻的事情，也不应该因此而一蹶不振，影响自己的青春甚至整个人生。同样，你自己也可能遇到想要拒绝他人的情况。

青春期的男孩应该培养宽广的胸怀，以一种认真而开放的态度来看待生活中的得失。古人云："莫愁前路无知己，天下谁人不识君。"只要你有足够的信心和毅力，认真对待自己的生活和学习，积极拓展社交圈，自然会找到欣赏你的人。

当感到失望时，不妨转移一下自己的注意力，多想想自己的长处和成功的经历。哪怕是微小的进步，也足以让你感到自豪，自信也会在这样的自豪中得到重建。如果感到难受，可以找好友聊聊天，倾诉心中的不快，发泄情绪，但一定要避免长时间沉溺于被拒绝的阴影中，无法自拔。通过这些方式，青少年可以学会以更健康的心态面对生活中的挑战和挫折。

青春加油站

表白失败如何化解尴尬

1 坦然接受表白的结果

既然表白未能成功,就不应继续纠结于此,也不要再围绕感情话题展开讨论。男生可以通过幽默和调侃来缓和紧张的气氛。

2 明确表达自己的立场

男生可以向女生表示:"抱歉,我让你感到有压力,我明白感情不能勉强,我希望我们还能做朋友。"在表明了自己的态度之后,尽管两人在一段时间内可能仍会感到有一些尴尬,但只要男生能够表现得自然而轻松,女生也会逐渐适应并重新找到彼此相处的舒适状态。

第三章
情窦初开：花样年华的情感困惑

4 爱是付出更是责任

成宇最近总是上课时心不在焉，晚上也常常辗转反侧，夜不能寐，这直接影响了他的学习，成绩开始明显下滑。尽管老师没有察觉成宇有早恋的迹象，但凭借多年的经验，老师猜测成宇可能心中有了暗恋的对象。为了帮助成宇摆脱这种困境，老师特意联系了成宇的父亲，请他到学校进行面谈。成宇的父亲得知情况后十分震惊，因为他此前并未察觉到成宇的任何异常。

回到家后，成宇的父亲深思熟虑，决定与儿子进行一次深入的交谈。晚餐过后，他走进成宇的房间，先是询问了成宇的学习状况，然后装作随意地问："成宇，你们班有同学谈恋爱吗？"成宇对父亲的提问显得非常紧张，急忙摇头否认。看到儿子的反应，父亲心里已经明白了几分，他微笑着对成宇说："其实，爸爸在你这个年纪时，曾暗恋过班上的一个女生。"听到这里，成宇立刻产生了兴趣，追问道："那您向她表白了吗？"父亲回忆了一下，认真地回答："我差点就表白了，但最后还是没有说出口。所以，那不能算是恋爱，更不算早恋。因为真正的恋爱是双方的事情，而我那时只是单相思，她并不知道。"

成宇忍不住问："爸爸，您为什么没有表白呢？"父亲知道成宇会这样问，于是抓住机会，开始娓娓道来："你以为爱情是那么简单的事情吗？我先问你，你知道爱情的目的是什么吗？"成宇似乎从未考虑过这个问题，思考了许久才犹豫地说："是为了在一起？"父亲点点头表示认可："没错。爱情的目的就是像我和你妈妈这样，共同生活，建立家庭，生儿育女，相互扶持，共同克服困难。"

父亲停顿了一会儿，似乎在回忆过去，"那时候，家里的经济状况并不好,我的学习成绩也很一般。如果我向她表白,我能为她做什么?我能给她什么样的承诺?"成宇认真思考了一会儿,然后摇摇头说:"似乎什么也做不了,只是表达了自己的感情。"

父亲接着问:"既然我无法为她付出,更无力承担任何责任,为什么要去打扰她的平静生活呢?与其在没有能力承担责任的时候轻易表白,引起不好的后果,不如先让自己变得更强大,拥有给予别人幸福的能力,这样才能真正配得上美好的爱情。"成宇听了父亲的话,陷入了深深的思考。

成长指南

青春期的男孩正处于身心发展的关键时期,他们对责任的概念理解尚浅,往往将喜欢与幸福简单地联系在一起,认为只要与喜欢的人在一起就必然幸福。然而,爱情远比这复杂得多。在缺乏保护和承担责任的能力时,轻易表达爱意可能会给双方带来伤害。

青春期的男孩常常自认为已经懂得了爱情,以为目前的喜欢就是永恒,未能意识到爱情的长久需要经历诸多考验。因此,他们可能会做出一些不成熟的行为。面对青春期男孩的暗恋问题,父母应采取适度的引导策略。既不能过于压制,以免激发男孩的逆反心理;也不能放任不管,防止男孩在暗恋中迷失方向,影响他们的身心健康。作为男孩最信任的人,父母应该时刻关注他们的心理变化,了解他们的内心世界,这样才能在男孩出现异常时及时察觉,并帮助他们树立正确的爱情观。

父母应该通过交流和分享自己的经验,帮助男孩认识到爱情不仅是一种感觉,更是一种责任和承诺。通过这样的引导,男孩可以学会更加成熟地处理情感问题,理解到真正的爱情需要时间的考验和双方的共同努力。通过父母的悉心指导,青春期的男孩可以更好地理解爱情,避免因一时的冲动而作出可能会后悔的决定。

青春加油站

如何在青春期进行责任教育

1 开展开放的对话

与男孩进行坦诚的对话,讨论爱情的各个方面,包括情感、责任和承诺。用平等和尊重的态度倾听他们的观点,并分享你的见解。

2 分享个人经历

父亲可以分享自己的恋爱经历,包括成功和失败的例子,解释爱情不仅是一种感觉,更是承诺和责任。爱意味着在对方需要时给予支持,为对方的幸福和福祉考虑。

3 培养责任感

通过日常活动和任务,教育男孩如何承担责任。例如,分

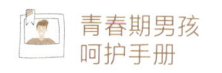

配家务、照顾宠物或参与社区服务,让他们体会到承担责任的重要性。

4 讨论社会角色

探讨不同社会角色中责任的体现,如家庭成员、朋友和公民的角色,以及在这些角色中如何表达爱和关怀,鼓励男孩思考自己的行为如何影响他人,以及如何在关系中成为一个更好的伴侣和朋友。

5 有性幻想就是坏孩子吗

佳廷的内心世界充满了青春期的矛盾和挣扎。每当夜幕降临，他独自一人躺在卧室的床上，思绪便不由自主地飘向那个令他心动的女孩。他幻想着与她拥抱，甚至在想象中做出更加亲密的举动。这些幻想如同脱缰的野马，让他感到既兴奋又害怕。

佳廷渴望成长，期待着成年后能够自由地表达自己的情感，不再受到校规和道德的约束。然而，现实与幻想之间的鸿沟让他感到焦虑和不安。他开始为自己对女孩的非分之想感到羞愧，每当与女孩相遇时，他总是低着头，不敢直视她的眼睛。

这种沉重的心理压力逐渐侵蚀了佳廷的学习生活。课堂上，他的注意力总是不集中，思绪飘忽不定，成绩也开始受到影响。他深知这些幻想对他的影响，却无法控制自己不去想。佳廷感到非常痛苦和纠结，不知道该如何是好。

在一次与父亲的深夜长谈中，佳廷终于鼓起勇气，向父亲倾诉了自己的烦恼。父亲耐心地听他讲述，然后分享了自己年轻时的经历，告诉他这是青春期正常的生理和心理反应。父亲鼓励他正确看待这些情感，学会自我调节和控制，同时将精力投入到学习和兴趣爱好中，让自己的生活更加充实和有意义。

通过父亲的指导和自身的努力，佳廷逐渐学会了如何面对和处理这些青春期的困惑。他开始更加专注于学业和个人成长，与女孩的交往也变得更加自然和从容。佳廷的内心逐渐平静下来，他明白了成长的意义不仅是追求自由，更是学会承担责任和自我管理。

成长指南

青春期的男孩产生性幻想是自然的生理现象,不应被视为不端行为。例如,佳廷心中有了喜欢的女孩,她自然成为他性幻想的对象。即使没有早恋,其他男孩也可能因生理和心理的冲动而产生性幻想,对象可能不是特定的人,甚至是他们喜欢的女明星。传统观念可能将此视为不检点,但事实上,这是青春期男孩体内雄性激素激增,性冲动增强的正常表现。

在这个阶段,男孩可能会从对异性的疏远转变为强烈的亲近欲望。性幻想本身并非实际的性行为,而是一种心理上的性满足,它是性行为的一种替代形式。如果性幻想过于频繁,干扰了男孩的日常生活和注意力集中,父母就应该介入,帮助他们调整心态。

青春加油站

青春发育期,如何克服生理冲动

1 性别知识教育

给孩子传授正确的性别知识,这有助于消除他们对异性的好奇心和探索欲,从而提高他们对性冲动的自控能力。同时,鼓励男女生之间正常的社交,这有助于他们在相互尊重的基础上建立健康的人际关系。

2 **课余生活多样化**

引导孩子丰富自己的课余生活，培养多样化的兴趣爱好。这样，他们的精力和注意力可以投入到更广泛的活动和学习中，减少对性的关注。

3 **生活习惯规律化**

建立规律的生活习惯对孩子的身心健康至关重要。保证充足的睡眠，选择合适的床铺和适宜的睡眠温度，穿着宽松舒适的衣物。

4 **冲动管理策略**

当孩子感到冲动时，可以采取一些积极的应对措施，如到户外跑步、打球或参加其他体育活动，或者洗一个冷水澡，以及参与一些体力劳动，这些都有助于转移注意力，缓解冲动。

6 早恋，那无处安放的青春

新学期伊始，陈浩的班里转来了一位名叫林晓琪的女生。林晓琪不仅容貌清丽、性格开朗，学业成绩同样出类拔萃。她在加入班级后的首次考试中，就以惊人的成绩超越了陈浩，让他失去了长久以来占据的班级第一的宝座。

陈浩心中有些不服，林晓琪同样有着强烈的进取心，两人在学习上展开了激烈的竞争，彼此间不乏机智的辩论和较量。老师看到了两人的潜力，有意培养这对学习上的佼佼者，经常在课后为他们提供额外的辅导。随着时间的推移，陈浩和林晓琪相处的机会越来越多。

随着相互了解的加深，陈浩发现自己每次看到林晓琪就会心跳加速、脸颊发热，甚至开始回避她的目光。林晓琪对陈浩也渐生情愫，两人开始私下相约一起外出游玩。

在一次只有两人的外出中，陈浩鼓起勇气，轻轻地吻了林晓琪。这一吻之后，陈浩发现自己上课时常心不在焉，脑海中不断浮现林晓琪的倩影，甚至在考试中也会不自觉地想起她。

不久，陈浩的学习成绩开始明显下滑。更糟糕的是，他和林晓琪的一次私下游玩被同学意外发现，第二天，两人早恋的消息就在校园里传得沸沸扬扬。林晓琪为了避免是非，不再单独与陈浩相约外出。

每当陈浩走在校园中，总会有人对他指指点点，窃窃私语："看，那就是陈浩，林晓琪竟然和他在一起，真不明白她怎么会看上他。"这些闲言碎语让陈浩倍感压力。

几天后，陈浩最担心的事情发生了，早恋的消息传到了班主任那里。班主任将他叫到办公室，严厉地批评了他，并要求他请家长来学校。陈

第三章
情窦初开：花样年华的情感困惑

浩害怕父母知道自己的所作所为，心中充满了焦虑和不安……

成长指南

青春期的恋爱往往是一种模糊且不稳定的情感体验。孩子开始对异性产生好奇和欣赏，但往往在尚未懂得恋爱的真谛、责任和自我情绪管理时，就将这种朦胧的好感误认为爱情。就像栗子成熟后才最甜美，青涩的则带有涩味。早恋如同未成熟的果实，不仅滋味不佳，而且在不适宜的时刻采摘，会错失其自然成熟的机会。

因此，青少年在对异性产生好感时，不应急于认定这是真爱，更不应草率表白。重要的是学会放远眼光，用理性来引导自己的情感，认识到现阶段更重要的是个人成长和学业发展。

当发现孩子可能出现早恋迹象时，父母应避免简单粗暴地训斥或惩罚，而应采取更为合理的方法，帮助孩子理性分析自己的感情，探讨如何建立更长远的关系，以及如何以积极的方式吸引异性注意。

对于初高中学生而言，良好的学业成绩往往是吸引他人注意的重要因素。父母可以引导孩子将情感经历转化为激励他们学习的动力，认可他们对美好事物的向往，同时鼓励他们以优异的成绩和全面发展的自我来赢得异性的尊重和关注。通过这种方式，父母不仅支持了孩子的成长，也帮助他们建立了健康的人际关系观念。

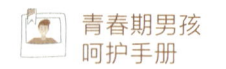

青春加油站

青春期孩子若有这几种迹象，多半是早恋了

1 孩子突然变得爱打扮

孩子可能会突然之间更加关注自己的外表，如频繁照镜子、修剪指甲或改变发型。这种改变可能是因为他们希望在异性面前展现更好的形象。

2 频繁使用通信设备

孩子如果开始过度依赖手机和社交媒体，频繁地发送信息或更新动态，这可能意味着他们在与某人密切交流情感问题。

3 情绪起伏不定

青春期的孩子情绪波动是正常现象，但如果他们对小事反应过度，情绪大起大落，这可能是情感经历所致。

4 学业表现波动

学业成绩的突然下降或注意力难以集中可能是情感困扰影响学习效果的迹象。

5 与父母交流减少

如果孩子突然变得不太愿意与父母分享自己的心事和情感，可能是他们在隐藏某些事情。

第四章

亲子关系

和爸妈相爱相杀的日常

1 被爸妈误会了怎么办

李明最近变得沉默寡言,因为父母误以为他沉迷于网络游戏而忽视了学业。一天晚上,父亲在李明的房间里发现了一台新买的游戏机,愤怒之下,他责问李明为何不把心思放在学习上。

李明想要解释,但父亲的话语如暴风骤雨,让他无法插嘴。母亲也在一旁帮腔,责备李明辜负了他们的期望。李明感到委屈和无助,他想要告诉父母,这台游戏机其实是他用攒下的零用钱买的,而且他并没有因此影响学习,只是想在压力山大的学习之余放松一下。但是,父母的误解和指责让他感到窒息,他选择了沉默。家庭的气氛变得紧张,李明开始避免与父母交流,甚至开始考虑离家出走。他的学习成绩也因此受到了影响,形成了一个恶性循环。

直到有一天,李明的班主任发现了这一情况,主动与李明的父母沟通。班主任告诉他们,李明在学校表现得很好,成绩并没有下滑,而且他很努力。父母这才意识到自己的误解,开始反思自己的行为。

在班主任的建议下,父母决定与李明坐下来,平心静气地交流。他们听到了李明的心声,了解到了他的压力和困惑。经过这次深入的沟通,家庭的矛盾得到了缓解,李明也重新找回了学习的动力和家庭的温暖。

成长指南

在当今社会,许多父母和孩子都面临着压力和焦虑。父母无疑深爱着自己的孩子，孩子也渴望成为更好的自己。然而，代沟和误解常常在两代人之间形成隔阂。

父母常常不理解孩子为何沉迷于电子游戏，为何在被提醒时会抵触甚至反击。孩子也对父母的唠叨和过高的期望感到排斥，他们可能会选择反抗，或者故意做出相反的行为来表达不满。

父母的情绪波动让孩子感到不安，他们不确定何时会遭遇父母的怒火或无休止的责备。父母以爱之名提出种种要求，却可能无意中给孩子带来了压力和不被信任的感觉。孩子渴望与父母平和地交流，希望父母减少对他们的控制，不要总是将他们与他人比较，同时也希望父母能够倾听他们的声音，而不是一味坚持自己认为的"正确"。

当孩子遭受父母的斥责时，他们可能会以反抗、争吵或消极的态度来回应。在被质疑和批评时，他们可能会感到无助和绝望，开始怀疑自己的价值和存在的意义，这可能导致他们在学习上失去动力。

父母在看到孩子沉迷游戏、厌学或放弃时，往往无法理解孩子的内心世界，反而可能加大压力，导致双方的关系陷入恶性循环。随着时间的推移，孩子可能会逐渐放弃自我，感到空虚，甚至怀疑生活的意义，有时甚至会产生抑郁倾向。

面对孩子的叛逆和厌学，父母需要做出两个关键的改变：首先，停止过度控制，不要只关注学习成绩，不要总是担忧孩子会落后于他人。其次，学会真正关心孩子，不仅是关心他们的学习，更要关心他们的内心世界，了解他们的委屈和困难，给予他们真正的理解和支持。

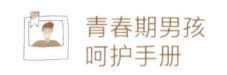

真正的关心和共情能够给孩子带来安慰,让他们感受到被尊重和理解。父母需要先自我提升,保持情绪稳定,这是教育孩子的基本功。通过这样的努力,家庭关系才能得到改善,孩子和父母才能共同成长。

青春加油站

4个小妙招教父母和青春期男孩"有效沟通"

1 避免预设立场的沟通

在与孩子进行交流时,应集中于客观事实,而非主观臆断。例如,当父母发现孩子的房间很乱,书籍和衣服散乱一地,如果父母预设立场,可能会直接认为孩子懒惰或不负责任,然后以指责的语气对孩子说:"你总是这么懒,房间乱成这样也不整理。"这种贴标签式的沟通方式是基于父母的主观判断,可能会让孩子感到被误解和不被尊重。为了避免预设立场,父母可以采用"情境—行为—感受"的沟通模式。

情境:父母可以说,"我注意到你的房间最近很乱"。

行为:接着描述具体的行为,"我看到书籍和衣服都散落在地上"。

感受:然后表达自己的感受,"这让我担心你可能找不到你需要的东西,或者感觉不舒服"。

采用情境—行为—感受的沟通模式,可以摒弃对孩子行为的预设判断，让孩子直接而清晰地面对和解决问题。

2 选择合适的沟通环境

避免在饭桌上进行严肃的谈话或指责孩子，尽量选择安静且适合交流的环境（如家中的卧室或书房），同时注意是否有旁人在场，以保护孩子的自尊并考虑他们的内心感受。

3 先确认感受再引导行为

在沟通时，父母应首先理解并肯定孩子的感受，明确区分"感受"与"行为"，并用肯定的方式表达对孩子情感的认可。使用"我"而非"你"来开始对话，用"同时"代替"但是"来描述情况，这样可以避免指责的语气，减少争吵的可能性。例如，当孩子表示不想穿秋裤时，父母可以说："我担心你会感冒，生病了会很难受。"

4 保持双向沟通

当孩子分享他们的感受时，父母不应急于否定或纠正，最好的做法是耐心倾听孩子的观点，然后再分享自己的看法。相信孩子有能力自己体验生活，并尊重他们的感受和体验的权利。

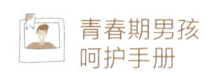

2 妈妈，能不能别再唠叨了

明朗，一个 14 岁的初中生，正坐在沙发上，手里拿着手机，眉头紧锁。明朗的妈妈，刚刚结束了一天的忙碌工作，回到家中，看到明朗的样子，不禁又开始了唠叨。

"明朗，你又在玩手机，作业做完了吗？"妈妈的声音里带着一丝疲惫和不满。

明朗抬头看了一眼妈妈，没有回答，又低下头继续玩手机。他的沉默在妈妈看来是一种无声的反抗。

"你这孩子，怎么就不听我们的话呢？"妈妈的声音提高了几分，"我们这么辛苦工作，不就是为了你有个好未来吗？"

明朗感到一阵烦躁，他知道妈妈是为他好，但他也渴望有自己的空间和时间。"我知道你很辛苦，但我也需要休息和放松。"他终于忍不住反驳。

"休息？放松？你这是在浪费时间！"妈妈的声音里满是失望，"你看看隔壁的小明，他的成绩多好……"

这句话像一根刺，深深扎进了明朗的心里。他感到自己的努力被忽视，感到自己被不断地拿来和别人比较。"我也有努力，你为什么就看不到？"他的声音里带着一丝哽咽。

妈妈愣住了，她没想到自己的唠叨会让孩子这么难过。她意识到，也许自己的教育方法真的出了问题。

成长指南

青春期的孩子正处于半幼稚、半成熟,半依赖、半独立的阶段,他们既想展现自制力,又渴望在同龄人中获得认同。这个阶段的孩子开始对生命、社会和自我身份进行探索和质疑。他们的情绪——愤怒、抑郁、焦虑、挫折——在这个时期尤为强烈,容易对外在刺激产生过激反应。

调查显示,孩子反感的教育行为中,首当其冲的是父母唠叨,其中最让孩子反感的唠叨有三种类型:

翻旧账: 父母经常提及过去的事情,指责孩子没有吸取教训。例如,孩子感冒了,父母可能会说:"我之前提醒过你多少次了,你总是不听,现在生病了吧。"这种唠叨可能涉及学习、生活习惯、社交行为等多个方面。

无效重复: 父母反复说同样的话,孩子甚至能预知父母接下来要说什么。例如,父母可能会说:"你必须好好学习,不然将来怎么办?"孩子考了80分,父母可能说:"你连90分都没考到。"即使孩子考了91分,父母还是不满足:"你离满分还有9分的差距。"

夸大其词地否定: 父母用极端的言辞来否定孩子的行为或兴趣。比如,孩子喜欢看小说,父母却说:"看小说有什么用,读历史书才对你的未来有好处。"如果孩子没有立即响应父母的请求,父母可能会说:"你这么懒,将来怎么可能有成就?"孩子吃饭前忘了洗手,父母就可能上纲上线:"你连基本的卫生习惯都不注意,学习上肯定也不细心,将来怎么办?"

父母的唠叨，虽然出发点可能是对孩子的关心和期望，但过度地重复和强调，往往适得其反，给孩子带来不小的负面影响。

不良影响之一：激发孩子的叛逆心理。心理学中的"超限效应"告诉我们，当一个人受到过度刺激时，可能会产生不耐烦甚至逆反的情绪。就像马克·吐温听牧师演讲的例子，原本愿意捐款的他，因为牧师的唠叨而决定一分钱也不捐。孩子在父母的不断唠叨下，也可能产生类似的抵触情绪，越是被唠叨，越是不愿意去做。

不良影响之二：打击孩子的自尊心。父母的唠叨往往带有责备和不信任的语气，虽然本意可能是提醒和关心，但孩子感受到的却是批评和贬低。长期下来，孩子可能会对自己失去信心，形成内向和缺乏自信的性格。

不良影响之三：积累负面情绪，可能导致孩子情绪爆发。父母的唠叨是一种单向的沟通方式，孩子只能被动接受，缺乏表达自己观点的机会。这种压抑的沟通模式，会让孩子积累大量的负面情绪。在网络上，我们可以看到许多孩子通过写作来表达自己面对父母唠叨时的痛苦和郁闷，他们渴望与父母沟通，却感到无法承受这种压力，甚至感到生活失去了色彩。

父母的唠叨往往无意中加剧了与孩子之间的紧张氛围。要缓解这种紧张，父母首先需要深刻洞察青春期孩子的内心世界，认识到他们独特的心理需求。在此基础上，父母应选择一种更为柔和、尊重的交流方式，这不仅有助于避免冲突，还能促进双方的情感联系。

青春加油站

如何避免成为孩子眼中爱唠叨的父母

1 适度关心,避免过度叮嘱

父母应当在孩子需要时提供必要的指导,但只需简洁明了地表达一次或两次,让孩子明白其重要性即可。之后,应让孩子自己体验行为的后果,从而学会自我管理和承担责任。

2 适度放手,给予孩子空间

在教育孩子的过程中,父母有时需要选择性地忽略一些小问题,给予孩子更多的自由和探索的空间。定期与孩子进行深入的交流,可以增进亲子关系,同时了解孩子的内心世界。

3 培养个人兴趣,分散关注焦点

父母应该发展自己的兴趣爱好,这样不仅可以丰富个人生活,还能减少对孩子过度关注带来的压力。例如,母亲可以尝试练习瑜伽,而父亲可以在业余时间研究摄影或书法,这样既能给孩子更多的自由空间,也有助于营造更加和谐的家庭氛围。

3 为什么总想跟父母唱反调

陆路从小就是个非常听话的好孩子,总是听从父母的安排,从不违背他们的意愿。邻居们都羡慕陆路的父母,经常用陆路作为榜样来教育自己的孩子:"你看看人家陆路多听话,你什么时候能像他一样让我省心呢?"

然而,当陆路步入中学的门槛,他的生活开始逐渐发生变化。他开始尝试着表达自己的个性,不再总是顺从父母的意愿。一天放学后,陆路没有像往常一样立即做作业,而是选择先看一集电视剧。当饭菜准备好时,他决定先完成作业,不顾父亲的催促。作业完成后,饭菜已经凉了,父亲想要重新加热,但陆路坚持说不需要。在争抢中,碗不慎落地,饭菜洒了一地。陆路感到内疚,却不知如何表达,于是他选择了逃避,跑出了家门。

从那以后,陆路开始更多地表达自己的意见,有时甚至与父母的意见相左。父亲做米饭时,他提出想吃面条;而当面条端上桌时,他又突然说想吃米饭。他开始尝试不同的穿着风格,无论是校服还是个性化的牛仔裤,他都在寻找自己的风格。父亲的管教变得更加严格,但陆路的反抗并没有因此减少,反而变得更加坚定。陆路的父亲在几次无法忍受陆路的行为后,曾试图通过动手来纠正他。然而,陆路只是倔强地挺直了脖子,挑衅地回应道:"你打啊!你舍得就打啊!"父亲的管教并没有带来预期的效果。陆路对父亲的忠告和教诲充耳不闻,这让他的父母感到非常无助和困惑。

成长指南

陆路的转变并不是个例，进入青春期的孩子常常展现出一种反抗精神，这使得家长感到无助和失去了控制。这种叛逆往往源自孩子在成长过程中长期受到的严格控制和压抑。随着孩子身体成长、力量增强以及对社会认知的提高，他们不再像儿时那样无条件地接受父母或老师的教导，对控制和限制自己的行为感到极度反感。他们渴望得到平等的对待和尊重，如果有人仍然将他们视为孩子，这会让他们感到非常不舒服，更别提顺从了。

著名儿童心理学家夏洛特·布勒曾将青春期定义为"消极反抗期"。在这个阶段，随着孩子身心的逐渐成长和成熟，他们可能会对生活持有一种消极反抗的态度，有时甚至会否定自己之前形成的积极品质。

从生理学角度来看，青春期孩子的叛逆行为往往与中枢神经系统的过度兴奋有关。科学研究发现，当中枢神经系统的功能与个体周围神经系统的活动相协调时，人的身心状态将处于和谐平衡。

然而，处于叛逆期的孩子，由于中枢神经系统过度活跃，对周围环境的刺激，如他人的态度和评价，反应极为敏感和强烈，这导致他们表现出叛逆的行为。如果父母在孩子学习不自觉或不听话时，经常性地斥责孩子，不给予孩子辩解的机会，只是一味地以父母的权威强迫孩子服从，这很可能会激发孩子的逆反心理。

因此，对于这个年龄段的孩子，单纯的控制和管教是无效的。家长需要理解并满足他们对于尊重、平等和认可的心理需求，这样

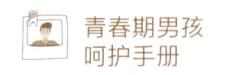

才能更好地引导他们。家长应该放下架子，真正成为孩子的朋友，深入了解孩子的内心世界，并从他们的角度出发去思考问题。即使孩子有些不切实际的想法或行为，家长也不应该仅仅基于表面现象做出判断，而应该深入挖掘孩子行为背后的深层原因。有时孩子的动机可能是积极的，只是他们还没有找到合适的表达方式。如果家长能够给予孩子更多的理解和包容、尊重和认可，那么与孩子建立深厚的信任关系是完全可能的。

青春加油站

如何应对跟父母"对着干"的孩子

1 尊重孩子，让孩子有发言的机会

让孩子和父母有同等的发言机会，不能什么都是父母说了算，不允许孩子表达自己的看法。

2 了解孩子，用商量和讨论的方式交流

当发现孩子有做得不正确的地方，父母应该用平和的心态去对待，用商量和讨论的方式和孩子交流。

3 树立孩子的自信心

发现了孩子积极的方面，父母要给予充分的肯定，而后再和孩子讨论怎样妥善地处理问题，孩子就不会有抵触的心理。

4 请尊重我的隐私

晓磊是个热爱记录生活点滴的孩子，他有写日记的习惯。他曾拥有一个小巧的日记本，但总觉得放在抽屉里不够安全。他担心父母会无意中发现他的秘密，这让他感到非常不安。为了保护自己的隐私，晓磊购买了一个带锁的日记本，但不幸的是，他忘记了密码，导致日记本无法打开。

后来，晓磊终于拥有了一台属于自己的电脑。他开始将日记转移到电脑中，认为这样更安全。然而，一天，晓磊惊讶地发现电子日记的浏览记录显示一小时前有人查看过，而那时他并不在家。晓磊感到非常愤怒，他冲到父母面前质问："你们为什么偷看我的日记？"

出乎意料的是，父母比晓磊还要生气，他们反问："我们看看你的日记怎么了？"父母的态度让晓磊感到非常气愤和沮丧，但他又不知道如何让父母尊重他的隐私。

成长指南

随着孩子逐渐长大，他们可能会开始减少与家长的沟通，这往往让家长感到担忧。出于对孩子的关心，一些家长可能会采取偷看孩子的日记、信件或聊天记录等手段，试图了解孩子的内心世界和情感状态。但这种做法往往适得其反，孩子一旦发现，会感到极大的尴尬和羞辱。家长对此若不加以重视，甚至采取粗暴的态度，就将严重损害亲子关系。孩子更加封闭自己，对父母产生反感和不信任，家长的教育理念也难以触及孩子的内心。

那么，如何让孩子愿意主动分享自己的秘密呢？我们应当尊重孩子的隐私。如果希望与孩子建立更深层次的沟通，了解他们心中的小秘密，首先需要做的是打开自己的心扉。通过创造一个愉快和宽松的家庭环境，鼓励孩子与家长进行更多的交流和对话。当孩子感到不快乐或遇到问题时，我们应更加敏锐地察觉到他们的异常。在这些时刻，通过深入的谈话，以理解和支持的态度引导孩子表达自己的感受和面临的难题。

培养和谐的亲子对话是解决各种问题的根本。作为家长，我们也需要不断审视自己的教育方式，学会用恰当的方法来指导和培养孩子。重要的是，要用尊重的心态去接近孩子的内心世界，这样才能真正打开他们的心扉。

青春加油站

父母偷看孩子的日记违法吗

新修订的《中华人民共和国未成年人保护法》，于2024年4月26日这天开始实施。

其中第六十三条规定：任何组织或者个人不得隐匿、毁弃、非法删除未成年人的信件、日记、电子邮件或者其他网络通讯内容。除下列情形外，任何组织或者个人不得开拆、查阅未成年人的信件、日记、电子邮件或者其他网络通讯内容：

（一）无民事行为能力未成年人的父母或者其他监护人代未成年人开拆、查阅；

（二）因国家安全或者追查刑事犯罪依法进行检查；

（三）紧急情况下为了保护未成年人本人的人身安全。

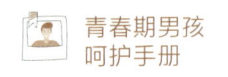

5 为什么爱把"离家出走"挂在嘴边

临近中考,浩然的父母对他的学业成绩表现出了前所未有的关注,这份关注无形中转化为了浩然巨大的心理压力。父母越是关心,浩然越是感到心理负担沉重。在全年级组织的前几次模拟考试中,浩然因为心态问题而未能发挥出自己的真实水平,这让父母感到失望。

班主任刘老师对浩然近期的考试成绩严重下滑也感到不解,因为浩然平时成绩优异,在班级内部的测验中总是名列前茅。通过与浩然的沟通,刘老师认为浩然应该与父母进行一次坦诚的对话,表达自己的想法,这样或许能够减轻他的心理负担。浩然虽然答应了老师的建议,但内心深处却不愿与父母交流,因为他害怕引起父母的不快。

在最近的一次模拟考试中,浩然依旧未能发挥出应有的水平,而此时距离中考只剩下不到60天。浩然回家后,将成绩单递给了父母,然后静静地站在一旁,等待着父母的责难。不出所料,父亲在看完成绩单后冷哼一声,愤怒地将成绩单摔在茶几上。平时总是护着他的母亲也没有上前唱红脸。浩然默默承受着父亲的指责和怒火,逃避着母亲责备和失望的目光,心中充满了恐惧和内疚。

最后,父母让浩然回房间反省,关上房门的那一刻,浩然还听到父亲失望地说:"这个不成器的东西!"浩然趴在床上,回想起这段时间的经历,长久以来压抑的情感终于爆发,泪水不由自主地流了下来。他开始思考,既然父母对他如此失望,如果他选择离开这个家,或许父母就不会再感到生气和失望,而他自己也许能够摆脱这沉重的压力。

成长指南

近年来，中学生离家出走的现象越发常见，这往往与青春期的叛逆心理有关。尽管有些孩子没有实际离家出走的勇气，但他们常将此作为与父母争吵的"杀手锏"。许多家长可能将孩子的离家出走视为威胁，但明智的家长能从中听到孩子的求救信号。孩子渴望得到尊重，希望拥有自己的空间。

孩子离家出走的原因主要包括以下几个方面：

不良家庭环境：青春期的孩子在生理和心理上都接近成熟，对环境的感知和敏感度远超童年时期。若他们感到生活在压抑的环境中，外向的孩子可能会选择反抗，而内向的孩子则可能选择逃避。例如，家庭中父母经常争吵，长期存在矛盾，甚至在餐桌上也争执不休，这会让孩子对家庭生活感到厌恶，从而产生离家出走的想法。

逃避惩罚：在"望子成龙"等传统观念的影响下，孩子承受着巨大的压力。如果父母不能适时为孩子减压，孩子一旦学业上出现退步，就可能面临严厉的惩罚。青春期的孩子可能会为了逃避惩罚而做出极端行为，离家出走可能只是其中较为温和的一种。更严重的是，一些孩子可能会产生轻生的念头，这在中学生中并不罕见。

情绪控制困难：青春期的孩子情绪波动较大，可能难以控制自己的行为，甚至在父母面前也会失控。这是因为他们内心的需求未得到满足，自我价值感较低且情绪调节能力较弱，所以他们容易冲动地离家出走。

受到不良信息影响： 智能手机的普及让当代孩子接触到了更广阔的世界，但由于缺乏辨别能力，他们容易被不良信息所吸引。许多中学生沉迷于手机游戏和社交，而忽略了学习和成长。一旦交上不良朋友，他们可能会被吸烟、饮酒、早恋等不良行为所诱惑。在父母的严格管教和外界诱惑之间，孩子的心理很容易失衡，从而迷失自我。

家长需要注意的是，孩子离家出走并非一时冲动，而是多种因素综合作用的结果。因此在面对孩子的叛逆时，家长需要更加深入地理解孩子的内心世界，采取更为合理和有效的沟通与教育方式，以帮助孩子平稳度过青春期的迷茫和挑战。

青春加油站

孩子离家出走父母该怎么办

1 及时找到孩子

一旦发现孩子离家出走，无论出于何种原因，父母应立即采取行动，了解孩子的行踪和出走方向，尽快将孩子找到，以避免他们在外界遭遇不可预知的风险和困境。

2 避免责骂

找到孩子后，父母应避免责骂，但同时也不能对孩子的行

第四章
亲子关系：和爸妈相爱相杀的日常

为漠不关心。正确的做法是及时进行心理疏导，以防止责骂引发孩子的逆反心理，导致他们再次出走；同样，忽视孩子的感受可能会让他们变得任性，甚至将离家出走作为对父母的威胁。

3 与孩子耐心沟通

父母需要向孩子表达自己的担忧和焦虑，让他们明白离家出走给家庭带来的影响。要让孩子认识到，如果他们遭遇不测，父母将会非常痛苦。通过沟通，帮助孩子理解离家出走可能带来的严重后果。

4 营造和谐的家庭环境

有些孩子因为不喜欢家中的争吵而选择离家。家庭的和谐对于留住孩子的心至关重要。父母应该努力营造和谐的夫妻关系和亲子关系，让家成为孩子愿意回归的安全港湾。

5 尊重孩子的个性和选择

每个孩子都是独立的个体，父母应该尊重他们的个性和选择。例如，如果孩子对绘画有热情，父母不应强迫他们学习钢琴。当孩子展现出自己的兴趣和爱好时，父母应该给予尊重和支持，而不是一味否定。

6 和父母没有共同语言怎么办

李明一家正在餐桌上吃晚饭。爸爸妈妈一边吃饭,一边交换着关于工作和家庭琐事的想法。然而,李明似乎完全置身事外,他的思绪飘向了与朋友们的聊天记录和社交媒体上的新鲜事。

晚餐过后,爸爸试图打破沉默,问李明:"小明,最近学校怎么样?有没有什么新鲜事?"李明抬头看了一眼父亲,又迅速低下头,简短地回答:"没什么,就那样。"

妈妈也加入了谈话,关心地问:"学习压力大不大?需不需要我们帮你请个家教?"李明皱了皱眉,不耐烦地说:"不用了,我自己能搞定。"

沟通的尝试又一次以失败告终。李明的父母感到困惑和无助,他们不明白为什么曾经那个总是围着他们转的孩子,现在变得如此疏远。他们试图回忆自己年轻时的情景,想要找到与儿子沟通的切入点,却发现代沟像一道无形的墙,阻挡在他们之间。

李明也有自己的烦恼。他对父母的关心感到窒息,觉得他们根本不理解他的兴趣和追求。他热爱电子竞技,梦想有一天能成为一名职业选手,但每次提起这个话题,父母总是不以为意,甚至有些轻蔑。他觉得父母只关心成绩和稳定的生活,对他的梦想和热情视而不见。

随着时间的推移,双方的误解越来越深。李明开始在日记中记录自己的感受,但他害怕父母会偷看,于是将日记藏在了一个只有他自己知道的地方。他渴望被理解,但又不知道如何打开心扉。

第四章
亲子关系：和爸妈相爱相杀的日常

成长指南

在这个快速变化的时代，青少年与他们忙碌的父母之间可能存在着代沟，这导致他们之间缺乏共同话题。孩子的兴趣受到潮流的影响，形式也更新换代得越来越快。家长虽然难以时时刻刻地追踪孩子的志趣变化，但可以与孩子共同发展一项长期的爱好。例如，对于青春期男孩来说，运动就是一种有挑战性、具有进步空间，并且可以和家长共同参与的活动。不管是踢足球、打篮球，还是扔飞盘、钓鱼，都能为父母与孩子提供话题空间。

孩子与父母之间实际上有许多可以交流的话题。

学习：尽管青少年可能不喜欢频繁讨论学业，但与父母分享学习上的挑战、班级的趣闻以及老师和同学对他的看法，是加强亲子关系的有效方式。

成长的烦恼：成长是一个充满挑战的旅程，无论是人际交往、身体变化还是心理适应的问题，孩子都可以向父母寻求指导和帮助。父母的经验和支持可以帮助青少年解决问题，建立更深层次的信任和亲密关系。

爱好：不要以为父母的严肃外表下没有隐藏的兴趣爱好。实际上，亲子之间分享各自的爱好可以带来愉快的对话和共同的乐趣。

体育：体育活动是保持健康生活的重要方式。这为青少年和父母提供了一个持续且深入的交流主题。

青春加油站

青春期孩子和爸妈沟通越来越少怎么办

1 挑好时间

选择双方都放松、没有紧急事务的时刻,比如饭后散步或周末的闲暇时光,会更有利于开展愉快的对话。

2 适当示弱

父母有时需要放下权威,展现出理解和尊重。建议多采用发问式沟通,让孩子感受到他们的意见和感受同样重要。例如,当孩子遇到问题时,父母可以问:"你觉得这件事情怎么处理比较好?"或"你需要我们怎么帮助你?"这样的方式能够鼓励孩子表达自己,并参与到解决问题的过程中。

3 学会倾听

父母需要学会真正倾听孩子的心声,这不仅是对孩子尊重的表现,也是让他们感到被重视的关键。在倾听时,父母应该通过肢体语言,如点头、微笑,或简短的口头回应,如"嗯""我明白了",来展示自己的参与和理解,从而激励孩子继续分享。

4 抓住重点

注意筛选信息,抓住对话的重点,避免在不重要的细节上纠缠。通过聚焦于核心问题,有效地帮助孩子解决问题,加深彼此之间的理解和信任。

5 共同活动

参与孩子感兴趣的活动,如一起运动、看电影或参加社区活动,可以为双方提供共同的话题和经历。这些共享的时刻有助于建立更紧密的联系,并为日常沟通创造更多机会。

6 设定边界

父母也需要设定合理的边界,让孩子明白什么是可以接受的行为,什么是不可以接受的行为。在设定边界的同时,也要解释原因,让孩子理解这些规则背后的意义。

第五章

人际交往

男孩该了解的一点儿交际学

1 拳头解决不了问题

一天，陈辰回到家里，身上沾满了泥土，脸上还有几道淡淡的划痕。尽管他尽力掩饰，妈妈还是注意到了他的不寻常，立刻关切地询问发生了什么。陈辰支支吾吾，不想让妈妈知道真相。

不久后，爸爸下班回家，一看到陈辰的样子就猜到了大概，直接问道："陈辰，你和谁打架了？"

陈辰对爸爸能猜到真相感到惊讶，也意识到没有继续隐瞒的必要，于是向爸爸妈妈坦白："我和同桌小华打架了，他不小心把我的书弄到地上，却不承认，我们就推搡起来，最后打了起来。"

原本，陈辰以为爸爸会责怪他，所以一直低着头，不敢直视爸爸。但出乎意料的是，爸爸并没有生气，反而好奇地问："那么，你和小华谁赢了呢？"看到爸爸对结果这么感兴趣，陈辰不由得放松下来，回答说："谁也没赢，我们都受了点伤。"

爸爸忍不住笑了，说："其实结果远不止这样，因为更坏的结果还在等着你，你很快就会发现小华可能不愿意再和你说话，甚至可能会去找老师要求换座位，不再想和你同桌。据我所知，你们班有同学是单独坐的，也许小华会和那个同学做同桌，而你就得一个人坐了。"

陈辰惊讶地看着爸爸："您怎么知道？"

爸爸神秘地说："因为用武力解决问题只会带来孤独，这是不变的真理。"陈辰很担心，因为他和小华除了这次冲突，平时相处得还是挺好的，他不想一个人坐。

第二天到了学校，陈辰一见到小华就立刻向他道歉，但小华显然还在生气，对陈辰不理不睬。

陈辰很着急，对小华说："小华，请你原谅我吧，我保证以后不会再用拳头解决问题了。"小华看到陈辰这么诚恳，终于忍不住笑了，说："好吧，如果你再这样，我真的不想和你同桌了。"

陈辰心中的一块大石头终于落地：幸好及时向小华道歉，否则真的要像爸爸预测的那样，一个人坐了。

成长指南

研究发现，男孩在面对外界的挑战或情绪上的起伏时，往往更倾向于采取直接而简单的应对策略，这有时可能表现为口头争执或身体上的冲突。这种现象部分可以归因于男孩体内较高水平的雄性激素，这可能促使男孩表现出更加冲动的性格。因此，在日常生活中，我们不难观察到，一些男孩可能仅仅因为被他人无意中触碰，或听到了不悦耳的话语，就情绪激动，采取挥拳的行动。

要探究男孩为何有时会选择用打架来解决问题，我们不能忽视他们的大脑结构和生理特性。科学家们通过对比男性与女性的大脑皮层，发现了七个显著不同的区域。这些差异可能影响了男孩处理情绪的方式。

此外，男孩的生理特性也对他们的思维模式和行为习惯产生了影响。在情感表达和社交互动方面，男孩通常没有女孩那样细腻和敏感。他们在理解他人情感状态上不如女孩深入，也不太习惯用言语来表达自己的情感。这些特质在情绪激动时，可能促使他们更倾向于使用肢体动作来直接表达自己的感受。

尽管如此,这并不意味着男孩在面对问题时选择用打架来解决问题是正确或可接受的。实际上,采取暴力行为往往会导致更多的问题和后果,而不是解决问题。打架可能会伤害他人,损害人际关系,甚至可能触犯法律,带来严重的后果。

更重要的是,使用暴力作为应对策略,反映了男孩缺乏有效的沟通技巧和情绪管理能力。在现代社会,我们鼓励通过对话、协商和理解来解决冲突。这不仅能够促进更深层次的相互理解,还能够培养个人的社交能力和解决问题的能力。

此外,教育和家庭环境在塑造孩子的行为和价值观方面起着至关重要的作用。父母和教育者应该通过树立积极的榜样,引导和教育孩子以和平和建设性的方式处理分歧和挑战。这包括教授孩子如何识别和管理自己的情绪,如何倾听和尊重他人的意见,以及如何表达自己的观点,进而帮助青少年发展出更加成熟和有效的应对机制,减少他们采取肢体冲突解决问题的倾向。

青春加油站

孩子有"暴力倾向"怎么办

1 避开暴力环境

尽量减少孩子与具有暴力倾向的人、事、物的接触。如果无法完全避免,父母应教育孩子不要模仿这些行为,并帮助他们形成正确的价值观和世界观，以减少外部环境对他们暴力倾向的影响。

2 避免暴力教育

家长应避免使用打骂等暴力手段来管教孩子。以暴制暴不仅可能引发孩子的逆反心理，还可能加剧他们的暴力行为。

3 参与社会活动

鼓励孩子参与公益活动或适合他们的社会活动，如探访敬老院等。通过这些活动，向孩子传递互助和沟通解决问题的重要性，帮助他们认识到生活的积极面，从而培养阳光温和的心态，减少暴力倾向。

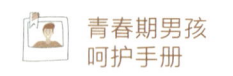

2 慎重对待"哥们儿义气"

在初二年级里,小刚因其仗义执言和乐于助人的品质,赢得了同学们的普遍尊敬和信赖。他身材高大,给人以强烈的安全感,但对学业却显得不太用心,常常逃课去打篮球。

那天,小刚正在篮球场上尽情挥洒汗水,突然听说班上一位同学在食堂遭到了暴力对待。他立即停止了运动,回到教室询问情况。这位同学告诉他,自己在食堂排队时被人踩了脚,他只是抱怨了一句,却遭到了对方的激烈反击,结果被无情地殴打。听到这里,小刚坚定地说:"别担心,这件事我会给你一个说法,晚上我会找人解决。"

晚自习的休息时间,小刚召集了几个亲近的朋友,计划在放学后为受害的同学讨回公道。放学后,他们一行人来到教学楼下,受害的同学迅速指认出了施暴者。小刚和同伴们迅速行动,却发现对方也有准备,周围十几个人都是他的帮手。尽管人数上处于劣势,小刚还是勇敢地冲了上去,试图保护同伴。他的突然行动让对手措手不及,他成功地打倒了几人。在混乱中,他的朋友们找到了机会逃脱,去寻求更多的帮助。

小刚的朋友们逃离了现场,他自己却被围困。面对众多对手,他最终不敌,遭到了严重的打击。不久后,他的朋友们带着更多人返回,小刚虽然心中有气,但最终选择了让施暴者向他和受害的同学道歉,而不是继续报复。

尽管这次冲突没有造成严重后果,但学校领导得知后,在全校范围内对小刚进行了通报批评,并给予了他严厉的处分。小刚感到非常沮丧,他原本是出于正义感而行动,结果不仅自己受伤,还受到了学校的惩罚。他开始反思自己的行为,心中充满了懊悔。

成长指南

"义"是中国古代一种深远的道德理念,它的核心是公正、合理,并且是应当践行的行为准则。墨子将"义"作为一种哲学思想提出,强调仁义和道义的重要性。孔子亦曾言:"见义不为,无勇也。"这句话指出,面对应当采取行动的正义之事却退缩不前,是一种懦弱的行为。

在中国传统文化中,"侠客"以"义"为行为准则,"行侠仗义""仗义疏财"等行为,是华夏文明中"义"的具体体现。许多成就伟业的集体,也是以"义"字为先导,共同为一个目标而奋斗。《水浒传》中,梁山好汉因"义"聚集一堂,他们的议事之地被称为"聚义厅"。刘备、关羽、张飞三人因共同的抱负而结为兄弟,这也是一种"义"的体现。

"义"是一个宏大的概念,它包括国家大义、民族大义、革命大义等。青少年应当培养一种"为国为民"的侠气,立志成为真正的"侠之大者"。

男孩从小就被灌输了一种"英雄情结",这让他们对战斗、英雄行为和"哥们儿义气"产生了浓厚的兴趣。"哥们儿义气"其实是一种较为狭隘的团体意识,与传统的"义"有所不同,它并不总是促进个人的成长和进步。那些过分强调"哥们儿义气"的人,往往不够成熟,缺乏对事物的准确合理判断。他们对朋友的请求总是无条件地响应,不区分是非,不考虑后果。他们可能会无原则地包庇朋友的错误,甚至为朋友的错误承担责任,错误地认为自己具有

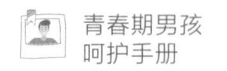

"侠肝义胆"和"义薄云天"的品质。这种行为不仅可能对他们自己造成伤害，也可能对他人和社会造成负面影响。因此，家长和教育者需要对男孩的"英雄情结"和"哥们儿义气"进行积极的引导和教育。

我们倡导建立一种真诚且深厚的人际关系，这种关系超越了简单的"哥们儿义气"，是基于相互尊重、理解和支持的真正友谊。我们期望我们的孩子能够不断地自我反省，分辨出哪些是建立在真诚基础上的友谊，哪些是出于一时冲动或利益考量的"哥们儿义气"。

在中学这个宝贵的成长阶段，我们希望孩子能够珍惜与同伴相处的时光，不仅拥有那些时刻相伴的朋友，更能够拥有那些能够相互理解、相互依靠、共同进步的挚友。这样的友谊能够激励孩子在学习和生活中不断前行，共同成长。

我们鼓励孩子培养批判性思维，学会独立判断，不盲目追随他人，也不因一时的义气而作出可能会后悔的决定。真正的友谊建立在共同价值观和相互尊重的基础上，它能够经得起时间的考验，为孩子的未来发展打下坚实的基础。

同时，我们也应教育孩子认识到，友谊不仅是一种情感上的联系，更是一种精神上的支持。在面对困难和挑战时，真正的朋友会给予帮助和鼓励，而不是推卸责任或逃避问题。通过这样的教育，我们希望孩子能够建立起一种健康、积极的人际关系观，在人生的道路上拥有更多值得信赖和依靠的伙伴。

青春加油站

怎样区分"哥们儿义气"和真挚友谊

1 内涵上的不同

"哥们儿义气"往往基于一种表面的、情感化的关系,可能强调的是忠诚和无条件的支持,有时不考虑行为的对错,容易形成小团体利益至上的心态。真挚友谊则建立在相互理解、尊重和信任的基础上,它更注重个体的价值观和行为准则,强调在对方面临困难时给予恰当的帮助和建议。

2 建立的基础不同

"哥们儿义气"可能更多基于共同的利益或情感共鸣,有时缺乏深层次的了解和思考。真挚友谊则建立在长期的相处和相互了解之上,朋友之间有共同的价值观和人生观,能够在彼此成长和追求目标的过程中相互支持。

3 表现上存在区别

"哥们儿义气"可能表现为"有难同当",但有时不考虑行为的后果,甚至可能涉及不理性或不合法的行为。真挚友谊则更倾向于在朋友需要时提供正确的引导和帮助,鼓励对方做出明智的选择,即使这可能意味着要对朋友说"不"。

4 对待问题的态度不同

在"哥们儿义气"中,个体可能因为害怕失去朋友而避免提出不同意见或批评。而在真挚友谊中，朋友之间可以坦诚地交流不同意见，即使这可能导致短暂的分歧，但最终是为了对方的最佳利益。

5 长期影响截然不同

"哥们儿义气"可能在短期内带来紧密的团体感，但长期来看，如果不加以辨别，可能会对个人的道德判断和行为选择产生负面影响。真挚友谊则有助于个人的长期发展，通过相互激励和正面影响，帮助对方成为更好的人。

3 在合作中成长，在分享中收获

初中的生活对宇辰来说，是一个全新的挑战。在升入初中之前，宇辰一直是个独立自主的学习者，他习惯于依靠自己的力量解决问题。然而，初中的课程难度和深度远远超出了他的预期，他发现自己经常遇到难题，不得不向同学们求助。

起初，宇辰总是感到内疚，认为自己占用了同学们宝贵的学习时间。但随着时间的推移，他逐渐意识到，自己也能在其他方面为同学们提供帮助。这种互助合作的学习方式，让他感到心中的天平逐渐恢复了平衡。

有一次，宇辰和几个同班同学被选中参加电视台的一个知识竞赛节目。这个节目的每个环节都强调团队合作，需要团队成员共同努力才能取得胜利。一开始，宇辰非常兴奋，他觉得自己有机会在电视上展示自己的才华，自然想要尽力表现，不想被其他队员超越。

然而，在前两个项目中，宇辰的过度自信和渴望表现自己，却意外地破坏了团队的协作。他的个人主义行为导致团队在这两个项目中都未能取得好成绩。这让宇辰感到非常沮丧，他开始反思自己的行为。

幸运的是，宇辰很快就意识到了自己的问题所在。他迅速调整了自己的态度和策略，开始更加注重团队合作，而不是单打独斗。他学会了倾听队友的意见，与他们共同讨论解决方案，并在关键时刻给予队友支持。

在宇辰和其他队员的共同努力下，团队的凝聚力和协作能力得到了显著提升。他们开始在比赛中展现出真正的团队精神，每个队员都发挥出了自己的特长，共同为团队的胜利贡献力量。

最终，在宇辰和队友们的齐心协力下，他们赢得了比赛。这次经历

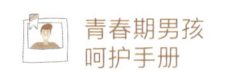

不仅让宇辰认识到了团队合作的重要性，也让他学会了如何在集体中找到自己的位置，发挥自己的作用，同时也尊重和支持队友。

这次比赛经历对宇辰来说是一次宝贵的教训，也是一次成长的机会。他明白了在团队中，每个人都是重要的，只有通过相互支持和合作，才能取得最终的成功。这种团队精神和合作意识，将会伴随宇辰走过初中的每一天，甚至影响他的未来。

成长指南

俗话说："一个篱笆三个桩，一个好汉三个帮。"在当今这个强调团队协作精神的时代，不懂得与他人合作的孩子，将难以实现自身潜能的最大化。个人的力量虽不可忽视，但与团队的力量相比，却显得渺小。正如古谚所言："独木难支大厦，众志成城可摧金。""孤掌难鸣，众手成山。""一花独放不是春，百花齐放春满园。"这些话语都强调了团队合作的力量。

团队协作意味着个体之间相互支持、共同努力，为实现共同的目标而不懈奋斗。一个人是否具备团队协作精神，不仅关系到他能否顺利融入团队，更关系到他能否为团队的发展作出积极贡献。当前，一些孩子可能过于强调自我，随着青春期的到来，自我意识的增强可能使他们在没有得到正确引导的情况下，缺乏团队协作的意识。这不仅影响他们在学校中的集体生活，也对他们将来融入社会构成了障碍。

因此，培养孩子的交往合作能力至关重要。合作不仅是孩子适应未来生活、在社会中立足的关键，也是他们实现个人目标的重要途径。只有擅长与人合作，才能汇聚更多的力量，取得更大的成就。通过合作，孩子能够学会倾听、尊重他人，培养解决问题的能力，这些能力将在他们的一生中发挥重要作用。

青春加油站

如何培养孩子团结协作的能力

1 培养欣赏他人的能力

教育孩子学会欣赏他人，善于学习他人的优点，以弥补自身的不足。

2 积极参与集体活动

激励孩子参与足球、篮球等团队运动，这些活动不仅能够锻炼孩子的身体，还能加强他们的团队协作能力和竞争精神。

3 多体验合作的乐趣

鼓励孩子参与家庭劳动，如一起准备晚餐或打扫卫生等，引导孩子认识到合作的价值，以及它在创造和谐家庭环境中的作用。

4 不敢和老师交流怎么办

陆路的勤奋在班级里是出了名的,他的书桌总是堆满了书籍和笔记,每一张纸都记录着他对知识的不懈追求。他的眼中闪烁着对未知世界的好奇,但每当课堂上老师的目光扫过,他那渴望知识的光芒就会黯淡下来,被一层薄薄的恐惧所掩盖。

陆路的心中,有着对完美的执着追求。他害怕自己的答案不够完美,害怕在众人面前出丑,这种恐惧让他在课堂上变得沉默寡言。他的心中藏着许多问题,它们像未被挖掘的宝藏,等待着被发掘。

老师注意到了陆路的沉默,课后总是耐心地与他交谈,试图打开他心中的那扇门。老师的话语温和而充满鼓励,但陆路总是感到自己的喉咙被无形的手紧紧扼住,那些想说的话怎么也说不出来。

陆路开始意识到,自己的胆怯不仅是对自己的不信任,更是对成长机会的浪费。他决定改变,但不知道从何做起……

成长指南

许多孩子害怕向老师提问,特别是在成绩不太理想的学生中,这种现象尤为突出。

学生不愿向老师提问的原因多种多样:

性格内向自卑: 一些学生因为性格内向或自卑,害怕成为他人注意的焦点。他们不仅在课后不敢主动提问,甚至在课堂上也害怕被老师点名，总是尽量避免与老师的任何互动。

对丢脸的恐惧： 有些学生虽然成绩不错，但当他们遇到难以理解的课程内容时，害怕提问会暴露自己的不足，因而选择独自苦学，避免与他人交流学习心得。

老师时间有限： 在大班教学环境中，老师往往难以顾及每一个学生的学习需求。学生可能因为找不到合适的时机提问，或是因为老师太忙而得不到充分的答疑。

提问技巧不足： 一些学生可能不知道如何有效地提问，他们可能只是针对具体的题目求解，而没有深入理解题目背后的知识点，在同样的问题再次出现时仍然无法解决。这种情况可能会使老师感到不耐烦，学生也因此更加不敢提问。

如果学生长期不敢提问，问题会逐渐累积，最终在知识掌握上出现断层。从小学简单的课程内容到初中多样化的学科，如政治、历史、地理、物理、化学和生物等，学生面临的挑战越来越大。如果他们在遇到困难时选择退缩，害怕吃苦和疲劳，比如在英语学习中，最初可能通过死记硬背来应对，但随着难度的增加，如果长时间没有获得正反馈，学生可能会选择放弃。这样，基础知识得不到巩固，学习成绩自然会受到影响。

为了避免这种情况，家长和教师需要共同努力，创造一个鼓励提问和交流的学习环境，帮助学生克服内向和自卑，教会他们有效的提问和学习方法，以及正确面对学习中的困难和挑战。通过这样的支持，学生可以建立起解决问题的信心，逐渐提高学习成绩。

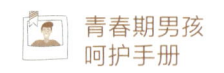

青春加油站

孩子不敢和老师交流怎么办

1 鼓励孩子表达情感

引导孩子自由地表达对老师的恐惧或不满,父母以接纳和理解的态度倾听孩子的感受,避免使用否定或忽视孩子情感的语言。例如,"你见到老师时感到紧张,是吗?担心犯错,对吧?"当孩子能够感受到被理解和支持时,他们将更愿意接受指导,学习积极应对情绪的策略。

2 正面引导孩子对老师的看法

当孩子认为老师批评他是不喜欢他时,家长可以解释说:"老师这么忙还关注你,是因为他想帮助你进步,如果老师不在乎你,他可能根本不会注意你。"这样的正面引导有助于缓解孩子对老师的恐惧。

3 与老师进行有效沟通

家长应该与老师保持开放的沟通,了解孩子在学校的表现和行为背后的原因,共同协商和调整教育孩子的方法。

4 营造和谐的家庭环境

家长应该避免在孩子面前争吵,通过协商解决问题,为孩子树立积极的沟通榜样。

5 鼓励孩子挑战自我

　　鼓励孩子参与一些挑战性活动,无论是体育活动还是其他形式的挑战,都能帮助孩子建立自信,学习如何面对困难。

5 结交良师益友，远离损友

杨晔是一名初三学生，距离中考只剩下 100 多天，但他最近的学习状态让所有人都感到担忧。最近，杨晔常常和朋友们逃课去网吧玩电子游戏，这导致他在上一次的月考中成绩大幅下滑，排名跌至班级末尾。

杨晔从小就是个聪明且机智的好学生，小学时的成绩总是接近满分，邻里都羡慕杨晔的父母，称赞他们的儿子将来一定有出息。上了初中后，杨晔与来自单亲家庭的同学陈阳成了好朋友。陈阳的家离杨晔家不远，杨晔的父母对陈阳的家庭情况表示同情，每次陈阳来找杨晔玩，他们都会热情地留他在家吃饭，甚至在节假日给杨晔买礼物时，也会给陈阳准备一份。

随着两人关系的加深，杨晔开始受到陈阳的影响。陈阳对学习并不感兴趣，而且沉迷于网络游戏。在陈阳的影响下，杨晔也逐渐沉迷于游戏，甚至开始逃学。尽管父母和老师苦口婆心地劝说，但杨晔似乎更愿意听从陈阳的话。

寒假期间，杨晔几乎每天都在陈阳的陪伴下上网打游戏。即使父母不给零花钱，杨晔也不担心，因为陈阳总是有足够的钱。杨晔的父母担心网吧的环境会让他学坏，于是决定给他买一台电脑，希望他能在家里安全地上网学习。然而，陈阳开始频繁地来到杨晔家，甚至鼓励杨晔逃学。杨晔的父母因为同情陈阳的身世，没有责怪陈阳，只是更多地叮嘱自己的儿子，但杨晔并没有把父母的话放在心上。

最终，杨晔的父母决定采取更坚决的措施，为了儿子的学业，他们决定不再允许陈阳来家里。但这并没有阻止两人一起去玩游戏。父母劝

第五章
人际交往：男孩该了解的一点儿交际学

杨晔不要再和陈阳混在一起，杨晔却坚持说陈阳只有他一个朋友，如果他不和陈阳玩，就没有人关心陈阳了。杨晔的父母害怕过度逼迫会导致杨晔做出极端的行为，但又不能眼睁睁地看着儿子沉迷于游戏，一时间陷入了两难的境地。

成长指南

青春期是男孩成长过程中的一个重要阶段，此时他们还缺乏社会经验，可能对周围的人和事缺乏足够的判断力，容易受到外界的影响。

青春期的男孩对任何新鲜的事物都感到好奇，他们可能会因为和某些人在一起感到快乐而选择与之为伍，忽视了对方的品行和操守。特别是那些平时表现规矩、老实的男孩，一旦接触到爱玩、爱冒险的孩子，他们可能会觉得新奇，渴望尝试那些从未经历过的活动。

在这个阶段，如果男孩接触到一些不良少年，他们很容易被吸引，为获得对方的认可和接纳而参与偷窃、打架。这些行为可能给他们带来一时的快感，但会对他们的人生产生负面影响。

青春期的男孩正处于人生观和价值观形成和变化的时期，他们对事物的理性认识还不够，因此，在交朋友时需要格外谨慎。选择朋友不仅是选择了一种社交环境，更是选择了一种生活方式和价值观。选择朋友是塑造个人品质和未来道路的重要一环。我们应该努力与那些具有积极思想、远大抱负和高尚品德的人建立友谊，对那些品德有缺陷、习惯不良、学业成绩不佳的人保持警惕,避免与他们过于亲近。

青春加油站

男生有这 10 种朋友,感情再好也要绝交

(1)总是用激将法激你做不好的事。

(2)背地说你坏话或看不起你。

(3)为了自己的利益向你索取钱财而不愿意付出。

(4)嫉妒心强。

(5)做事没有诚信。

(6)经常在你面前贬低别人吹嘘自己。

(7)整天喜欢在朋友之间搬弄是非。

(8)喜欢在人前抖搂朋友的隐私。

(9)做事拖拖拉拉没有时间观念。

(10)涉赌、涉黄、涉毒。

6 男子汉就要说到做到

陈辰和楚轩都已步入初三，青春的活力在他们身上越发明显。随着中考的临近，学习的压力也日益增加。为了放松心情，他们决定利用即将到来的"五一"假期去爬香山，呼吸一下大自然的新鲜空气。

两人都满怀期待，信誓旦旦地约定好放学后各自回家与父母商量，希望得到他们的支持和一些旅行资金。楚轩经过一番努力，终于说服了他的父母，父母同意了他的计划，并给了他一些旅行的费用。

第二天，楚轩兴冲冲地来到学校，急切地想要知道陈辰的准备情况。然而，陈辰的回答却让他的心情瞬间跌入谷底。陈辰犹豫地说："楚轩，我认真考虑了一下，觉得我们俩可能还太小，无法完全应对爬山可能遇到的风险。要不我们等到高一再去吧，那时候我们会更成熟一些，你觉得呢？"

楚轩感到非常失望和愤怒，他质问陈辰："你真的想去吗？你知道我为了说服我爸妈费了多少口舌吗？"陈辰显得有些尴尬，低声说："我确实觉得有些危险，所以我没敢和我爸妈说。我也不想去了。"

楚轩气愤地说："你这样轻易就放弃了我们共同的计划，我以后再也不相信你说的话了。"说完，他头也不回地离开了，留下陈辰一个人站在原地，心中充满了愧疚和困惑。

成长指南

孔子曰:"人而无信,不知其可也。"这句话强调了诚实守信的重要性。诚实守信不仅是中华民族的传统美德,也是社会交往中的基本道德准则。诚实意味着言行一致,不说谎;守信则是坚守承诺,值得信赖。缺乏诚信的人难以赢得他人的信任,也难以建立稳固的人际关系。

对于青春期的男孩而言,培养他们诚实守信的品质尤为重要。在这个故事中,陈辰的行为虽然是出于对风险的担忧,但他没有考虑到自己承诺的重要性,也没有考虑到楚轩的感受和付出。如果在承诺之初,他能够诚实地表达自己的担忧,并与楚轩共同面对问题,或许结果会有所不同。

因此,我们应当重视对青春期男孩的诚信教育,引导他们理解诚信的价值,并在日常生活中践行诚信原则。通过教育和榜样的力量,帮助他们认识到诚信对于个人发展和社会交往的重要性,从而培养他们成为既诚实又守信的人。

同时,家长和教育者还应该通过具体行动来支持诚信教育,比如表扬孩子的诚实行为,纠正不诚实的倾向,并为他们提供安全的试错环境,让他们在犯错后能够学习如何诚实面对并承担责任。通过这些方法,我们可以帮助男孩建立起坚实的诚信基础。

青春加油站

如何培养一个讲诚信的孩子

1 父母不可以欺骗孩子

在日常生活中应避免对孩子说谎或编造理由来应付他们。孩子会模仿父母的行为，如果他们发现父母言行不一，可能会认为撒谎是可接受的。

2 避免立即惩罚孩子

先理解孩子撒谎的原因，并帮助他们认识到撒谎的后果。通过对话和指导，而非简单的惩罚，可以更有效地教育孩子理解诚实的重要性。

3 保持一致性和一贯性

如果教育只是偶尔的提醒而没有持续的实践，孩子可能会混淆，不清楚诚信的真正意义。父母应通过一贯的行为和明确的期望，帮助孩子建立坚定的诚信观念。

4 避免给孩子贴负面标签

在处理孩子的不诚实行为时，父母应避免给孩子贴上"说谎者"的标签。这种负面标签可能会损害孩子的自尊心，导致他们对自己的行为产生消极看法。

5 积极地反馈和鼓励

当孩子展现诚实和承担责任的行为时,父母应给予积极的反馈和鼓励。这不仅能增强孩子的自信心,还能强化他们继续实践诚信的动力。

第六章

文明上网

避免网络带来的健康风险

1 为什么男孩会上网成瘾

上小学时，班上的男孩们热衷于讨论各种网络游戏，但陈辰从未参与其中。他的父母对他的学习管控很严格，禁止他接触任何网络游戏。父母周末加班时，会为陈辰准备一些简单的食物，让他独自在家看书或看电视。

陈辰升入初中后，同学们热情地邀请陈辰加入他们的网络游戏世界。由于之前从未有过这样的体验，陈辰对网络游戏毫无抵抗力，很快就沉迷其中，他总是渴望能够投入更多的时间在网络游戏中。然而，平日里繁重的作业让他几乎没有机会接触网络游戏，只有周末父母不在家时，他才能尽情地沉浸在游戏的世界里。有时，他因为过于投入游戏，忘记了作业，结果在周一被老师批评。

陈辰的父母得知他因网络游戏而忽视学业后非常生气，他们决定采取极端措施，禁止陈辰玩游戏。但这一决定反而让陈辰对游戏的渴望更加强烈，上学时常常心不在焉。

陈辰的父母意识到了问题的严重性，他们开始反思自己的教育方式。经过认真讨论，他们决定不再完全禁止孩子接触游戏，但对陈辰玩游戏的时间进行了严格的限制。这一策略有效地避免了陈辰沉迷游戏，也让陈辰在学习时可以收心。

成长指南

青少年沉迷网络的现象往往源自更深层次的心理因素。随着青春期的到来，他们在生理成长和认知发展上都经历了显著的变化。在探索世界和构建自我认同的过程中，青少年会经历心理层面的巨大转变，产生多种心理需求，例如对独立性、尊重、认同、归属感、亲密关系和成就感的追求。

网络游戏通过提供打怪升级、经验值增长、虚拟物品和游戏货币等元素，成功吸引了青少年的注意。游戏世界相当于一个虚拟社会，在这里，青少年可以轻易获得在现实社会中难以获取的认同感和成就感。此外，网络游戏环境相对自由，不受家长监管和严格规则的束缚，为青少年提供了一个释放内心冲动和情绪的空间。

通常，沉迷网络的青少年倾向于回避现实生活，他们的性格可能较为内向、敏感，且可能缺乏自信。这些孩子可能缺乏线下的兴趣爱好，且未能充分发展社交技能，或者在人际交往方面经验不足。在专制或溺爱型家庭，以及存在问题的家庭（如父母长期不和、单亲等）中，父母可能未能充分关注孩子的内心世界，孩子就会从网络中汲取心理资源。

如果孩子从小缺乏父母的关爱，或者在受教育过程中得到的批评远多于表扬，可能会导致他们的自尊心和认同感受到损害。在青春期心理发展的关键时期，如果未能得到正确的引导，孩子可能会产生各种问题。

对于青春期的孩子来说，网络就像是一道美味佳肴。如果一直被禁止接触，一旦有机会尝试，就可能失去控制。因此，父母需要找到一个平衡点，既不过分限制，也不完全放纵，通过合理的教育和引导，帮助孩子建立正确的网络使用习惯，理性地对待游戏和网络生活。

青春加油站

网瘾的主要症状

1 深度依赖

当上网成为心理需求时，网络成瘾者会表现出强烈的依赖性。具体表现为：难以抑制上网的冲动，似乎只有通过不断增加上网时间才能获得满足感。在无法上网的情况下，他们常常感到焦虑和不安。

2 心理状态的转变

网络成瘾者对网络的痴迷实际上是心理障碍的一种表现，他们的注意力难以从电脑游戏上转移，进而影响到他们对其他活动的参与和兴趣。

3 认知功能受损

认知是指个体对客观事物现象和本质属性的理解和反应。网络成瘾者由于长期依赖视觉形象思维，他们的逻辑思维能力可能会有所下降。

4 **性格变化**

网络成瘾者的性格可能会发生显著变化，变得内向、孤僻、软弱、自卑、抑郁和懦弱。这些性格特征可能会影响他们的日常社交和心理健康。

2 不要成为网络游戏的俘虏

陈辰每天放学后都按时回家,在房间里专心地完成作业。爸爸妈妈对此感到非常欣慰。有一天,陈辰告诉父母,他和几个同学组成了学习小组,每天放学后要一起学习,完成后再回家。父母同意了他的请求,并规定他每天晚上 10 点前必须回家。

起初的几天,陈辰都能在 10 点前准时到家,父母对他的自律表示赞赏。然而,一天晚上 9 点多,爸爸接到了一个陌生电话,电话那头传来急促的声音:"叔叔,我是陈辰的同学,陈辰现在在人民医院,你们快过来吧!"挂断电话后,爸爸急忙穿上衣服,心中既焦急又困惑:陈辰不是应该在同学家学习吗,怎么会出现在医院?

赶到医院后,爸爸才得知真相。原来,陈辰并没有在同学家学习,而是每晚都和同学一起打游戏。为了不耽误游戏时间,他甚至顾不上吃饭,结果导致胃痉挛,疼痛难忍,最终被送往医院。躺在病床上的陈辰,脸上写满了羞愧。看着儿子虚弱的样子,爸爸既心痛又愤怒。

成长指南

沉迷网络游戏确实会对孩子的生活和学习产生负面影响,甚至影响他们的身心健康。然而,简单地禁止他们玩游戏并不是有效的解决方案。

面对青少年的网络游戏成瘾问题,一些家长采取了极端措施,

第六章
文明上网：避免网络带来的健康风险

如成为孩子的专职司机、故意破坏家中电脑、限制孩子的零花钱等，但这些方法往往效果不佳，甚至适得其反。原因何在？即使措施再严格，孩子也总能找到应对的办法。例如，家长限制上网时间，孩子可能会逃学或利用上课时间玩游戏；家长控制零花钱，孩子可能会省吃俭用，将钱用于游戏。

青春期的孩子往往具有叛逆性，家长的过度干涉可能会激发他们的逆反情绪，导致他们更加沉迷游戏。因此，简单的"堵"并不是解决问题的最佳方法。

游戏本身是一种基于规则的系统。它遵循一个基本原则："按照规则解决问题，就能获得奖励和反馈。"这一原则同样适用于现实生活。在孩子接触游戏之前，家长可以通过协商和引导，与孩子共同制订规则，引导他们学会控制自己的行为。例如设定时间限制，并在电脑旁放置一个小闹钟提醒自己。当时间一到，无论多么不舍，都应该立即停止游戏。如果做到了，就奖励孩子；如果没有做到，就减少游戏时间作为惩罚。

网络游戏成瘾的现象，往往源于孩子缺乏自我管理和自我约束的能力。因此，家长在不完全禁止孩子玩游戏的同时，或者在调整他们玩游戏的方式时，适时引入规则和约束是非常有益的。这样做不仅可以帮助孩子正确看待网络游戏，还能引导他们在遵守规则的过程中学会承担责任。

青春加油站

如何预防和纠正青春期孩子游戏成瘾

1 高质量陪伴

工作繁忙时，孩子需要的不仅是身体上的陪伴，更是心灵上的交流。与其心不在焉地给孩子一本书或让他自己玩手机，不如全身心投入地陪伴他，无论是一起阅读还是下棋。

2 以身作则

作为父母，我们在要求孩子少玩游戏的同时，也应该控制自己使用手机的时间，除非是工作需要。通过自己的行为向孩子展示如何合理使用电子设备。

3 合理安排手机使用时间

手机中确实有丰富的优质内容，我们不必完全禁止孩子使用手机，但可以和孩子协商，设定合理的使用时间，比如周末或完成作业后可以玩 30 分钟。同时，用鼓励的话语增强孩子的自信心，如："你真棒，能够控制自己使用手机的时间。"

4 增加户外活动

当孩子减少使用手机的时间后，我们需要用其他有益的活动来填补这段时间，户外活动和运动是很好的选择。家长可以带孩子去农场体验农作，或者安排打球、骑车等运动。

第六章
文明上网：避免网络带来的健康风险

5 寻找替代活动

让孩子参与到现实生活中，比如操作遥控飞机、玩仿真模型、下围棋、绘画或练习书法，这些活动不仅能提高孩子的动手能力，还能增强他们的现实参与感。

3 警惕网恋的陷阱

在当今这个网络高度发达的社会，几乎每个人都有几个网友。陈辰也不例外，他有许多网友，每天完成学业后，与网友聊天成了他最享受的时光。陈辰擅长讲故事，语言幽默风趣，因此很多网友爱和他交流。在这些网友中，陈辰尤其喜欢一个叫"喵呜少女心"的网友。这位网友经常给陈辰发她自己写的小诗，陈辰觉得这些诗写得很有韵味。

随着时间的推移，两人的联系越来越频繁，彼此间的了解也越来越深。陈辰从最初的课间休息时聊天，逐渐发展到上课时也偷偷用手机聊天。有时如果收不到对方的信息，他就会感到很焦虑。陈辰开始怀疑自己是不是陷入了爱河，而且是网恋，但他并不后悔，他坚信自己与"喵呜少女心"会有美好的未来。

上个月的英语课上，陈辰鼓起勇气发出了"做我女朋友吧"的信息。信息发出后，他紧张地盯着手机屏幕，感觉时间过得特别慢。不久，陈辰收到了对方肯定的答复："好啊！"这让陈辰欣喜若狂，两人的关系变得更加亲密。

然而，因为经常与"喵呜少女心"聊天，陈辰的学业受到了影响，成绩从优秀降到了中等，遭到了父母的严厉批评。但他并没有把父母的忠告放在心上，依旧每天与自己的"女朋友"聊天。

终于，陈辰鼓起勇气邀请"喵呜少女心"在一家商场见面。虽然一开始对方有些犹豫，但在陈辰的再三请求下，"喵呜少女心"最终答应了。见面的时间定在周日的上午10点。那天，陈辰一大早就起来打扮，想要给从未见面的"女朋友"留下好印象。

然而，到了约定的时间，陈辰在商场等了很久，也没有见到对方出现。他尝试给"喵呜少女心"发消息,但一直没有得到回复。陈辰感到非常失望,一直等到中午12点,他接到父亲的电话,叫他回家吃饭。这时,陈辰才意识到自己可能被放了"鸽子"。

回到家后,陈辰吃不下饭,躺在床上一直给"喵呜少女心"发消息,但始终没有得到回复。他开始怀疑是不是对方把他拉黑了。陈辰躺在床上,思绪万千,怎么也想不明白为什么会这样。

成长指南

随着年岁的增长和生活领域的拓展,青春期男孩的社交需求日益增强。然而,人际交往的复杂性与青少年心理的纯真往往导致一些孩子在社交过程中遭遇挫折,出现多疑、害羞、内向、社交恐惧等人际交往障碍。这些情绪阻碍了他们自我价值的实现,而网络世界则为他们提供了实现自我价值的途径。

当代的青少年从出生起就被寄予厚望,他们承受着巨大的压力,而网络提供了一个释放压力的空间。在网上,有人愿意倾听他们的苦恼,不加以指责,不轻视他们,还会给予安慰,让他们可以毫无顾忌地向对方表达自己的情感。

然而,网恋往往建立在与现实中的人不同的幻想之上。当网恋从线上转移到线下,双方可能因为对方与自己理想中的伴侣形象不匹配而感到失望,这种失望常常是网恋关系破裂的导火索,也是许多网恋在现实中"见光死"的原因。

令人感到悲哀的是,有些青少年将网络世界误认为现实,深陷

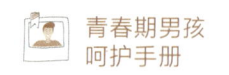

其中，难以自拔，甚至因此忽视了学业。有些人为了与网友见面，不惜离家出走，给家庭和学校带来了诸多麻烦。更令人担忧的是，一些青少年在与网友见面时遭遇不测，甚至遭到拐卖。因此，青少年必须提高警惕，避免陷入网恋的泥潭。

为了避免这些风险，家长和学校应该加强对青少年的网络教育，引导他们正确使用网络，培养他们的网络安全意识。同时，家长和老师应该与青少年建立良好的沟通机制，了解他们的想法和需求，帮助他们解决实际问题。此外，青少年自己也应该学会自律，合理安排时间，平衡好学习和娱乐，避免过度沉迷于网络世界。只有这样，我们才能确保网络成为青少年成长过程中的助力，而不是陷阱。

青春加油站

青春期孩子网恋了怎么办

1 关注孩子的情感需求

孩子沉溺于网恋往往是由于缺乏关注和陪伴。父母应更多地关注孩子的精神世界，而非仅仅关注学业成绩。

2 建立平等的交流关系

与孩子建立平等的交流关系，尊重他们的意见。避免以权威姿态命令孩子，否则更容易引起孩子的反抗。

3 认识网恋风险

家长需要让孩子明白网恋的风险，以实事求是和以身作则的方式引导孩子识别网恋中的陷阱。

4 适度使用网络

指导青少年适度使用网络，不过分依赖或将情感完全寄托于网络。学会以平和的心态与人交往，并时刻自我反省。

5 开放讨论恋爱话题

家长不应回避与孩子讨论异性关系和恋爱问题。家长的开放态度有助于满足孩子的好奇心，同时可以教授他们必要的自我保护知识和技巧。

4 朋友圈的这些"好处"可能是骗局

王煜的班级里，大多数同学拥有智能手机，他们还建立了一个微信群，大家经常在群里聊天。平时在班上不太交流的同学也积极参与，使得同学之间的距离瞬间缩短了。

上周六，王煜发现同学李林在朋友圈转发了一条"好友合体抢红包"的消息，出于好奇，王煜询问李林这是不是真的。

李林回复说："我也不清楚，不过我们不妨试一试。"

王煜心想："尝试一下也无妨，如果真的有红包，那可就赚了。"于是他点击了链接，按照提示输入了自己的手机号和微信钱包密码。打开红包后，他惊喜地发现自己抢到了 666.6 元，王煜感到非常高兴，自言自语道："这可是我的幸运数字！"王煜的微信钱包里存的都是自己攒下的零花钱，金额也差不多有这么多。

正当王煜沉浸在喜悦中时，突然接到了李林发来的语音聊天请求。王煜以为李林想要炫耀自己的红包，便接受了通话。电话一接通，就传来了李林焦急的声音："王煜，我点开那个红包后，微信里的零钱全都不见了，你那边怎么样？"王煜惊讶地回应："不会吧？我刚刚收到了 600 多元的红包呢！"虽然嘴上这么说，但王煜内心开始感到不安，因为刚才抢到的红包金额和自己微信零钱的数额差不多。

王煜急忙打开微信钱包查看，惊恐地发现自己的零钱也全都不见了。他的心情瞬间跌入谷底。

"王煜，你那边怎么样了？"电话那头的李林焦急地问道。

"什么怎么样？我的零花钱也没了！"王煜沮丧地回答，然后愤怒地挂断了语音通话，把手机重重地扔在床上。这笔钱对王煜来说意义重大，那是他辛苦攒了 3 个月,准备用来给爸爸买生日礼物的。现在一切都化为泡影,王煜痛恨自己竟然如此轻信,轻易就上当受骗。

成长指南

在信息时代,先进的通信技术为我们的生活带来了极大的便利,但同时也为诈骗分子提供了可乘之机。如今,骗子的手段越来越狡猾,从电话诈骗、网络诈骗到 QQ 诈骗,甚至微信上也出现了各种新骗局,且花样百出。一些心怀不轨者利用微信的"朋友圈""摇一摇""扫一扫"等功能进行诈骗。他们悄无声息地设下陷阱,不仅涉世未深的青少年容易上当,就连一些阅历丰富的成年人也难逃其手。

那些缺乏社会经验、思想单纯、警惕性不强且好奇心旺盛的青少年特别容易受到诈骗的诱惑,甚至可能因此失去基本的判断力。现实生活中,不乏有人因为相信了骗子荒谬的手段而上当的案例。这些人之所以会中招,往往是因为他们错误地认为自己会得到"幸运女神"的眷顾。正是这种错觉,让他们一步步走进了骗子精心设计的圈套,最终导致了一系列错误的决策。

因此,面对朋友圈中可能隐藏的陷阱,青少年需要格外小心,不要轻易被甜言蜜语所迷惑。世界上没有免费的午餐,切记,不要轻信那些"天降横财",以防止自己落入骗局。

面对各种骗局,我们每个人,尤其是男孩,都应该提高警惕,全面加强防范意识。父母不仅要系统地培养男孩的安全意识,教会他们自我保护的技巧，还要紧跟时代步伐，及时了解最新的诈骗手段，把防骗的"盔甲"武装到牙齿，让骗子无机可乘。

青春加油站

现今微信诈骗的 10 种常见骗术

（1）伪装诈骗：骗子通过社交平台伪装身份，骗取信任后以各种理由索要钱财。

（2）代购诈骗：以低价代购为诱饵，骗取付款后以各种理由要求加征"关税"，最终消失。

（3）二维码诈骗：以低价商品为诱饵，诱使消费者扫描含有木马病毒的二维码，盗取信息。

（4）盗号诈骗：盗取账号后冒充账号主人，向亲友索要钱财。

（5）点赞诈骗：以集赞赢礼品为名，骗取个人信息。

（6）克隆头像诈骗：盗取账号后，克隆头像和昵称，冒充好友诈骗。

（7）假公众账号诈骗：冒充官方账号，发布虚假信息进行诈骗。

（8）性诈骗：以提供"特殊服务"为名，实则是抢劫或诈骗。

（9）爱心传递诈骗：发布虚假的寻人或扶困信息，骗取善良网民的同情和转发。

（10）招聘诈骗：发布虚假招聘信息，骗取报名费或佣金。

5 告别手机控，不做低头族

小宇一直是班上的模范生，成绩优异，品行端正。但最近，老师注意到他上课时总是显得无精打采，疲惫不堪，有时甚至在课堂上打瞌睡。老师关切地询问小宇是否晚上休息得太晚，并提醒他，无论晚上有什么事情，都不应该熬夜，因为这会影响第二天的精神状态。

事实上，自从小宇买了手机后，他每天晚上回家后都会沉迷于手机上网，玩游戏或看小说，经常玩到深夜，忘记了时间，直到凌晨才依依不舍地去睡觉。以前，小宇放学回家后，完成作业总会预习第二天的课程；但现在，手机的诱惑让他一写完作业就拿出手机，沉浸在虚拟世界中，对学习开始敷衍了事。

小宇甚至在走路时也低头玩手机，因此好几次不小心撞到了电线杆，但他似乎并不在意这些小插曲。在课堂上，他无法集中注意力，要么打瞌睡，要么偷偷看手机，对学习完全失去了兴趣，成绩也因此一落千丈。

老师多次提醒小宇不要在课堂上玩手机，但他并未听从劝告。最终，老师不得不没收了他的手机，并告知他的家长，希望他们不要让小宇带手机来学校。然而，这一举动激发了小宇的逆反心理，他开始更加频繁地在课堂上睡觉，成绩下滑得更加严重。

成长指南

手机已成为现代生活中不可或缺的工具，它在通信、娱乐、教育等方面扮演着重要角色。然而，智能化时代也带来了挑战，特别是对青少年的影响。青少年因自制力不足，容易沉迷于手机游戏，这不仅影响视力和颈椎健康，还可能对他们的身心健康造成长远影响。

据不完全统计，目前我国近视人数已经超过6亿，其中儿童青少年总体近视率达52.7%。

青少年颈椎亚健康状态的比例极高。我国有超过1.5亿人患有颈椎病，超过80%的青少年颈椎处于亚健康状态。苏州曾报道过一名高二女生的案例，她因长期低头看手机导致颈椎间盘突出8毫米，压迫到脊髓，患上了严重的脊髓型颈椎病。

此外，手机的搜索功能虽然强大，但过度依赖也可能削弱孩子的思考和探索能力。手机上的娱乐内容容易分散孩子的注意力，影响学业成绩。

因此，为了健康和安全，我们应该培养良好的手机使用习惯，避免长时间低头看手机。在需要集中注意力的时候，如学习、过马路等场合，我们应该把手机收起来，专注于当前的任务。此外，我们还可以通过定时休息、调整手机使用姿势、进行颈椎锻炼等方式，来减轻因长时间低头使用手机带来的不良影响。

让我们从自己做起，提高自我控制能力，合理使用手机，享受科技带来的便利，同时保护好自己的身体健康。只有这样，我们才能在现代社会中，既享受科技的成果，又避免其潜在的危害。

青春加油站

如何让"低头族"抬起头来

1. 只下载必要的 App

避免下载过多娱乐性 App，减少因 App 推送而分心的机会。

2. 培养不看手机的习惯

在特定时间段内，如用餐、与家人朋友交流时，有意识地将手机放在一边，专注于当下的人际互动和活动。

3. 关闭不必要的消息推送

关闭那些不重要 App 的消息推送提醒，减少被打扰的次数，专注于手头的任务或学习。

4. 加强户外活动

积极参与户外运动和活动，如徒步、骑行、球类运动等，既能锻炼身体，也能让眼睛远离屏幕，享受自然风光。

5. 让自己忙起来

参与社团活动、志愿服务、兴趣小组等，让自己的课余时间充实而有意义，减少因无聊而频繁使用手机的时间。

6. 创造无手机环境

在家庭或学校中设立"无手机区"或"无手机时间"，鼓励青少年在这些时间和区域内远离手机，进行其他有益身心的活动。

6 生活中有趣的事情远比网上多

近期，小宇变得越来越喜欢待在家里，不论是平时晚上完成作业后，还是周末在家休息时，他总是开着电脑，要么浏览新闻，要么和网友一起玩游戏。总而言之，小宇就是不愿意走出家门，与朋友们一起外出活动。原来，小宇的父母工作都非常繁忙，周末也经常加班，常常让小宇一个人留在家里，这使得小宇逐渐形成了宅的习惯。现在，虽然小宇已经长大，可以自由地出门活动，但他已经习惯了宅在家里，更不愿意与同学们交往。

每当母亲催促小宇出去玩耍，多与同龄人交流时，小宇总是回答："我不想出去，我只想待在家里。同学们都很虚伪，还不如在网上与人聊天有趣。有时候我们还会一起玩游戏，感觉和面对面交流没什么两样，所以我很开心。"母亲深知小宇这样下去是不行的，经常尝试引导他多与同龄人互动，但都被小宇拒绝了。

有一次，母亲的单位组织员工的孩子一起出国旅游。最初，母亲担心安全问题，但在仔细考察了旅行社的资质后，她放心了，并决定说服小宇参加这次旅行，同时规定小宇不能带手提电脑，只能带手机。在母亲的再三劝说下，小宇终于同意参加旅行。虽然在前往机场的路上，小宇仍然显得有些不情愿，但这次母亲的态度非常坚决，小宇无法反抗，只好参加。

经过半个月的旅行，小宇虽然晒黑了，也瘦了，但他整个人看起来精神多了，与之前宅在家里玩游戏时萎靡不振的状态截然不同。母亲对小宇的变化感到非常惊讶，后悔没有早点用旅行的方式来帮助小宇摆脱宅的状态。

这次旅行的参与者都是母亲同事的孩子，年龄与小宇相仿。在旅

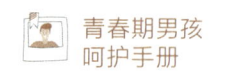

中，小宇还结识了几个新朋友。旅行结束后，他们经常在空闲时相约一起打球、游泳、看电影。每次与这些有血有肉、情感丰富的朋友相处，小宇都感到非常开心。通过这次旅行，小宇不仅拓宽了视野，也学会了如何与现实生活中的朋友建立深厚的友谊。

成长指南

生活中有无数的乐趣等待我们去探索：阅读一本引人入胜的书，重温一部经典老电影，品尝一家新开餐馆的美味佳肴，出门远行感受异国他乡的美好，或是在家中尝试制作美食……即便是在无所事事的时刻，一个人静静地感受微风，仰望云卷云舒，也能体会到一份宁静与放松。真正懂得生活的人，不需要依赖特殊的事物来寻找乐趣，而是能在日常生活中发现快乐。

然而，现代的孩子似乎越来越难以感受到快乐，许多青少年受到情绪障碍和行为问题的困扰。2022年中国青少年研究中心的调查发现，我国青少年的心理健康状况令人担忧，存在情绪健康水平低、自我评价低、人际支持不足等问题。面对这些受到情绪困扰的青少年，父母应如何提供有效的帮助，提升他们的快乐感受力？

提升孩子对积极体验的感知能力： 家长应引导孩子通过"五感"体验生活中的快乐，如观赏风景、聆听音乐、嗅闻花香、品尝美食、触摸不同材质。这有助于孩子学会捕捉并享受生活中的细微之美。同时，家长应在孩子经历积极事件时，帮助他们建立情感联结，丰富他们的情感体验。此外，家庭生活应多样化，让孩子在多彩的生活实践中发现乐趣，感悟生活的美好。

培养应对挑战的能力：家长应帮助孩子以积极的态度看待失败，如考试失利时，引导孩子看到其中学习和成长的机会。家长应避免反复提及孩子的失败经历，防止孩子陷入消极情绪。同时，家长应拓宽孩子的视野，丰富的见识有助于提升他们解决问题的能力。

增强孩子的快乐传递能力：家长应创造一个充满爱和尊重的家庭环境，鼓励孩子表达自己的快乐。通过准备美食、布置鲜花或分享家庭旅行的故事，激发孩子分享美好事物的愿望，并对孩子的分享给予积极的反馈。

总之，网络世界无法替代父母与孩子之间的快乐时光，也无法比拟与同龄人自由玩耍的乐趣。要真正帮助孩子摆脱网络游戏的束缚，父母需要引导他们回归现实生活，激发他们对现实世界的热爱和激情。通过共同参与各种活动，加强亲子关系，父母可以帮助孩子建立健康的生活方式，培养积极向上的人生态度。

青春加油站

网络世界和现实世界之间的区别

1 物理性 vs 虚拟性

现实世界是物理的，你可以触摸、闻嗅、听声和观察。网络世界是虚拟的，其上的信息经过筛选、修改和伪装，容易引发认知偏差。

2 互动的方式

在现实世界中，我们面对面地与他人互动，使用身体语言、语调和眼神交流。在网络世界中，我们主要通过文字、图片和视频进行互动，这可能导致一些信息和情感的丢失或误解。

3 时间和空间的限制

在现实世界中，我们受到物理距离和时间的限制。在网络世界中，我们可以与地球另一端的人即时通信，并在瞬间访问远方的信息。

4 匿名性

在现实世界中，人们的行为通常更容易被识别和追溯。在网络上，人们有时可以选择匿名或使用假名，这可能导致他们更加大胆或不负责任地表达自己。

5 信息的扩散速度

网络上的信息可以在几秒钟内传播到全球，而在现实世界中，信息的传播通常需要更长的时间。

6 感官体验

现实世界涉及我们所有的感官，包括触觉、嗅觉和味觉。网络世界主要依赖视觉和听觉。

7 真实性和误导性

虽然现实世界和网络世界都可能包含误导或错误的信息，

但互联网的匿名性和传播速度可能使虚假信息更容易扩散。

8 社交动态

在网络世界中,人们可以更容易地找到具有相似兴趣或观点的社区。在现实世界中,社交互动则更受到地理位置和物理环境的限制。

第七章

阳光心态

做个充满正能量的大男孩

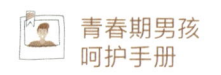

❶ 摒弃虚荣心，爱攀比可不是好现象

不知从何时起，梁亮的班级里悄然兴起了一股"攀比风"。尽管学校规定每天必须穿着校服，但鞋子却未作统一规定，因此，鞋子成了大家展示"身份"和个性的唯一途径。许多同学在鞋子上大费周章，如果有人穿上了一双海外限量版的鞋子，那气势仿佛比驾驭风火轮还要威风。

一天，梁亮的同桌指着他脚上那双已经穿了两年的运动鞋，带着讥笑的语气说："你怎么还穿这双鞋啊？"梁亮一时没反应过来，他低头看了看自己的鞋子，又瞥了瞥同桌脚上那双崭新的黑色名牌跑鞋，心中顿时感到一阵刺痛。但梁亮不愿示弱，他抬起头，一脸轻蔑地回应道："这双鞋怎么了？穿着很舒服啊！"尽管他这样说，但他小小的自尊心似乎受到了重创，疼痛难忍。

有一次，梁亮陪父母逛商场时，他的目光被橱窗里最新款的运动鞋吸引，他委婉地向母亲表达了自己的渴望："现在班里的同学都喜欢穿这个牌子的鞋。"父母理解他的心情，尽管家中并不富裕，但为了满足梁亮的愿望，他们还是花了600多元给他买了一双新鞋。得到这双鞋后，梁亮心中充满了喜悦。

穿上新买的名牌鞋，梁亮满怀自信地走进教室，与同学们交谈时，他故意展示出自己的新鞋，希望能引起大家的注意。当看到同学们投来的羡慕目光时，梁亮内心感到无比的满足。

成长指南

青春期的孩子开始更多地关注外面的世界，比如他们的同学、老师和学校环境，这些都会对他们产生影响。他们开始更在意别人怎么看自己，尤其是同龄人和老师的评价。

这个时期，孩子开始形成自己的个性和审美。细心的家长可能会注意到，孩子开始更注重自己的穿着，照镜子的时间也变多了，并可能不断向父母提出要求，希望获得更时尚的服饰、更昂贵的鞋子或护肤品，以此来获得同龄人的认同和羡慕，于是便出现互相攀比的心理。

攀比心理如同一把双刃剑，它既可以成为推动个人向前的动力，也可能转化为心理上的重负。其正面作用在于，当攀比心理建立在理性和个人提升的基础上时，它能激发竞争意识，成为个人进步的推动力。但同时，攀比心理的负面影响也不容忽视，过度的攀比可能带来心理的压迫感，甚至可能引发对自我价值的怀疑和心理问题。

当孩子开始有攀比心理时，家长首先要自我反省，看看自己是否经常用买东西来填补内心的空虚，并且这种习惯是否无意中影响了孩子。如果是这样，家长就需要通过学习来提升自己，让自己的内心平静下来，不再过分追求物质的东西。

家长不妨和孩子进行一场开放而真诚的对话，讨论对物质的看法。要认识到孩子有攀比心理并不是坏事，这其实是一种竞争意识，说明孩子对自己有更高的期望，想要变得更优秀或特别，这是很自然的事情。同时，也要认可孩子对事物有自己的看法，这显示了他们有自己的思考和独立性，这是他们个性的一部分。

在听完孩子的想法后，家长可以引导孩子深入思考什么是真正的攀比。比如，手机等电子产品更新换代很快，我们并不需要一味地追求最新的东西。物质的价值在于满足我们的生活需要，而不是被物质所控制。真正的攀比是通过我们在现实生活中的表现和能力来体现的，比较的对象不一定是别人，更多是和自己比，这才是我们应该关注的。我们要正确看待攀比，要更重视内在的成长和发展，而非外在的物质和评价。

青春加油站

青春期孩子爱攀比怎么办

1 让孩子了解家长赚钱的过程

家长可以带孩子去工作场所，让他们看到家长的工作状态，了解家长的辛劳和付出。这样的经历会让孩子有所感悟，可能会改变他们对物质的看法。

2 引导孩子转移攀比的焦点

当孩子想要和别人比较时，可以告诉他们，攀比是可以的，但要根据实际情况，通过自己的努力去实现目标。比如，如果孩子羡慕别人的新衣服，可以鼓励他们用自己攒下的零花钱去购买，这样既能教会他们节俭，也能培养良好的行为习惯。

3 用"反攀比"的方式教育孩子

当孩子表达出对他人物质条件的羡慕时，家长可以指出，虽然别人拥有昂贵的物品，但可能失去了与家人团聚的机会，而孩子却能每天与家人在一起，这也是一种幸福。通过这种方式，家长可以帮助孩子认识到，物质并不是衡量幸福的唯一标准。

2 为什么我总在意别人的看法

陆路是班级篮球队的核心球员之一。在上个月的篮球比赛中，陆路所在的班级篮球队成功晋级决赛。全班同学都感到非常兴奋，班主任甚至特意调整了课程安排，以便让全班同学都能去现场为决赛加油助威。

决赛当天，体育馆内座无虚席，由班级女生组成的啦啦队也在场边奋力为球队加油。陆路感到非常激动，他认为这是展示自己篮球技巧的绝佳机会。因此，每当他带球经过啦啦队时，他总是故意做出一些花哨的动作，引来啦啦队队员们的尖叫和欢呼。为了吸引眼球，陆路在比赛中频繁单打独斗，忽略了团队配合，最终导致班级在决赛中败北。

尽管输掉了比赛，陆路却没有感到太多的失落，因为他觉得自己在同学面前展现了自己的篮球才华。然而，陆路没有意识到，他的过度表现引起了同学们的不满。大家认为，正是因为他在关键时刻选择了单打独斗，错失了轻松得分的机会，才导致了比赛的失利。虽然没有人当面向陆路表达这些看法，但他很快从同学们的议论中感受到了这种情绪。

陆路一直非常在意别人对他的评价。他原本希望通过篮球比赛在全班同学面前露一手，却没想到弄巧成拙，最终得到了这样的结果。同学们的议论让陆路承受了巨大的压力，他开始反思自己的行为。

成长指南

青春期是一个充满变化的阶段，青少年不仅生理上迅速成长，心理上也在经历着重大的转变。在这个阶段，青少年的自尊心逐渐增强，他们开始更加关注自己在社会中的形象和地位，渴望得到周围人的尊重和认可。然而，每个人都有自己的不足和弱点，这些不足可能成为青少年内心深处的敏感点。一旦这些敏感点被触碰，他们可能会感到特别受伤，甚至产生自我怀疑。

以陆路为例，如果他不是那么在意他人的看法，不那么渴望在全班同学面前表现自己，他可能就不会在团队比赛中忽视与队友的配合，也就不会因此输掉比赛，更不会在赛后承受那么大的心理压力。陆路的行为反映出他内心的敏感性，这种敏感性让他对外界的评价和反应过于在意。

敏感的人往往对外界的微小变化反应迅速，他们容易对他人的言行进行深入的思考和揣摩。在性格上，这种敏感可能表现为对细节的过度关注和感受，他们善于捕捉并放大这些细节，然后做出相应的反应。过于敏感的人可能会因为一些小事而感到苦恼或快乐，他们心思细腻，具有强大的洞察力。

对于青少年来说，学会理性地看待自己和他人是非常重要的。他们需要培养健康的自尊心和自信心，学会接受自己的不足，同时也欣赏自己的优点。通过这样的方式，他们可以避免过度敏感带来的负面影响，更好地应对生活中的挑战和压力，促进自己的全面成长和发展。家长和老师也应该给予青少年适当的引导和支持，帮助他们建立正确的自我认知，鼓励他们以积极的态度面对生活中的各种经历。

青春加油站

孩子敏感，4招增强"钝感力"

1 父母应保持冷静和理智

激烈的情绪很容易影响到孩子。父母在面对孩子的问题时，首先需要冷静下来，思考自己真正希望孩子做到什么，以及这样做的意义，而不是仅仅表达自己的情绪。

2 不要在孩子情绪波动时给他们贴标签

"你怎么这么坏""为什么胆子这么小""一天到晚就知道哭"……当孩子生气、难过的时候，情绪已经主导了全部意识，你给他贴标签的行为会轻而易举扭曲孩子的自我概念和认知。不如直接告诉他：哭泣是可以的，但问题仍然需要解决。或者给孩子一个拥抱，静静地陪在他身边，等他情绪平复后再一起解决问题。

3 引导孩子从不同角度思考问题

心理学中有一种有趣的思考方式叫作"苍蝇视角"。当问题出现时，想象自己是墙上的一只苍蝇，从它的视角观察自己和发生的事情，这样可以帮助我们更清晰地理解问题。父母可以鼓励孩子尝试这种思考方式，跳出当前的情绪和环境，看看作为"苍蝇"，他们能观察到什么。

4 通过自己的行为给孩子树立榜样

当父母通过自己的行为来示范时,孩子的注意力会更容易被吸引,这种方式比单纯的语言教导更有效。例如,如果孩子的考试成绩不理想,父母可以在孩子学习时也拿起一本书阅读;如果父母自己犯了错误,也应该勇敢地承认,并与孩子简单交流,说明问题是如何得到解决的。通过这样的以身作则,孩子会更愿意敞开心扉,与父母分享他们的想法和感受。

3 故意唱反调，并不能获得别人的理解

自从余鱼步入青春期，妈妈发现他的行为越来越让人费解，就像他的名字一样，变得有些"奇怪"。他不仅经常与父母意见相左，说话也变得尖酸刻薄，让人感到不舒服。

一天早晨，因为爸爸起床晚了，送余鱼去学校的时间比平时晚了10分钟。妈妈坐在车后座，焦急地看着时间，希望不要迟到。这时，余鱼用一种尖锐的语调说："这都得感谢某人今天'迅速'的动作！"

妈妈听出余鱼在讽刺爸爸，立刻责备他："你怎么可以这样没有感恩之心？为了你，我们每天6点就得起床，6点半准时送你上学。昨晚你爸爸加班到深夜，今天还是早起送你，你不但不感激，还在这里挖苦他。真不知道你最近是怎么了，这么喜欢唱反调。"

妈妈的一番话让余鱼无言以对，他知道自己理亏，不敢再争辩。

成长指南

随着年龄的增长，孩子的自主意识不断增强，他们希望自己说了算，至少不完全由父母说了算。这背后隐含着青春期孩子对自主权的渴望，因此父母跟孩子之间的"战争"一定会发生。

青春期的孩子开始渴望被视为成年人，希望自己的想法和感受得到尊重。如果父母仍然像对待小孩子一样对待他们，不让他们参与决策，不认真倾听他们的意见，孩子就会感到被忽视和不被理

解，从而产生反抗情绪。

父母应该意识到，青春期的孩子唱反调，并不是要故意挑战权威，而是在寻求认同和尊重。他们希望通过这种方式来表达自己的独立性和个性。如果父母能够给予孩子足够的关注和理解，允许他们自由地表达自己的观点和情感，孩子就不必通过唱反调来吸引注意。

此外，父母应该通过自己的行为为孩子树立榜样，教会他们如何恰当地表达自己的想法和情感。父母可以通过倾听孩子的意见，鼓励他们参与家庭决策，尊重他们的选择，来培养他们的自我意识和自尊心。同时，父母也应该教会孩子如何以成熟和理性的方式处理分歧和冲突，避免争吵。

通过这种方式，父母可以帮助孩子建立积极的自我形象，促进他们的心理健康和社会适应能力。当孩子感到被理解和尊重时，他们更愿意与父母进行开放和诚实的沟通，这将有助于建立更加和谐亲密的亲子关系。青春期的男孩需要的不仅是物质上的支持，更是精神上的理解和尊重。父母的智慧和包容，将是引导他们健康成长的关键。

青春加油站

青春期的孩子唱反调，家长这样应对

1 及时退场，避免情绪升级

当孩子的行为触发了你的怒火，冲突一触即发时，家长要

首先退出这场情绪的较量，冷静地告诉孩子："我现在很生气，我相信你也是。我们都需要冷静一下，稍后再讨论这个问题。"这样的表态可以为双方提供一个情绪降温的机会。

2 寻找你的"冷静区"

冲突之后，父母需要找一个能够让自己平静下来的地方，这个地方可以是厕所、卧室，或者是家中任何能让你感到放松的角落。你可以将这个区域布置成一个"冷静区"，在其中听听音乐、阅读一些有启发性的文章，或者进行几分钟的正念冥想。当心情平复，能够冷静思考时，再准备与孩子进行下一步的沟通。如果孩子仍然处于情绪激动状态，不妨再多等一会儿，直到他们准备好进行平静的对话。

3 运用情感引导的方式进行沟通

当双方都准备好时，采用情感引导的方式来进行沟通。这意味着首先要做的是倾听孩子的心声，然后是理解他们的情绪和想法，表达你的同情和感受，最后与孩子共同探讨解决问题的方法。具体步骤如下：

（1）倾听：沟通的第一步总是倾听。放下自己的观点，全神贯注地听孩子说话，试图理解他们的情绪和需求。

（2）理解：在倾听的基础上，表达你对孩子情绪和行为的理解。正如卡耐基所说，人们内心深处最大的渴望就是被理解和认同。通过表达理解，你能够触及孩子的内心，建立信任。

（3）同情：向孩子表达你的同情，让他知道你感同身受。

（4）表达感受：诚实地表达你的感受，让孩子知道他的行为对你产生了什么影响。

（5）共同探讨解决方案：最后，与孩子一起探讨如何解决问题。这种合作的方式能够让孩子感到被尊重，并且更愿意参与到解决问题的过程中。

通过以上步骤，父母不仅能够有效地处理与青春期孩子的冲突，还能够教会孩子如何以成熟的方式表达自己，促进亲子关系的和谐发展。

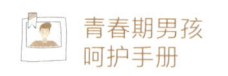

4 不要让自卑限制了你的人生

以下是初二学生明明的自述：

老师，您可能认为我是班上成绩较差的学生。的确，我知道自己经常让您感到困扰。每次考试，我的成绩似乎都在拖班级的后腿。每当成绩公布时，我都不敢直视您的眼睛，担心看到您眼中的忧虑，甚至是愤怒。

记得有一次，作业中有一道题我解不出来，但我不敢向您求助。看到您严肃的表情，我突然觉得自己很无能，似乎什么都做不好。在一次英语考试中，试卷发下来后，我浏览了一遍，发现大部分题目我都不太会。一想到考试后的成绩，我就紧张得手心出汗，头也开始疼。我感到自己无法承受一次又一次的批评，于是决定铤而走险——作弊。我一边留意着您的动向，一边偷偷看向别人的试卷，最终完成了考试。

但谁知道，考试成绩出来后，您一眼就看出了端倪，严厉地批评了我。在做了无数次下蹲后，我感到非常委屈。我也不想变成现在这样。

老师，其实我内心深处也渴望成为一名优秀的学生。我该如何做才能实现这个愿望呢？

成长指南

青春期是孩子成长过程中的关键时期，这个时期的孩子正从依赖父母的状态，逐步过渡到独立自主的状态。在这一过程中，每一次的失败都可能对他们的自信心造成冲击。如果在这个时期，孩子没有得到来自父母、朋友和社会的足够支持，他们就可能在连续的挫折中失去信心，产生自卑感。

青春期是塑造独立个性、社交技巧和人际关系敏感度的黄金时期，也是孩子逐步适应社会发展和变化的重要阶段。在孩子进入初中、高中或大学的新阶段时，他们需要重新适应新的学校环境、老师、同学和学习内容。这个适应过程本应是建立自信的良机，但如果孩子在这一过程中遭遇重大挫折，可能会感到难以承受，从而产生自卑心理。虽然有些孩子的自卑感是暂时的，会随着时间的推移而消退，但对另一些孩子来说，自卑感可能会长期存在，甚至延续到成年后，影响他们的人格发展，造成个性上的缺陷。

因此，家长应给予青春期孩子更多的关注和支持，帮助他们建立自信，克服挑战。家长可以通过鼓励孩子参与各种活动，表扬他们的努力和成就，来增强他们的自信心；同时，提供一个积极、包容的家庭环境，让孩子感到被接纳和尊重。通过这些努力，我们可以帮助孩子在青春期建立坚实的自信基础。

青春加油站

青春期男孩很自卑，父母如何帮助孩子

1 创造小的成功体验

成功往往始于小事。在家庭生活中，父母可以有意地为孩

子创造一些小的成功机会。比如，让孩子帮忙整理衣柜，或者修理家中的小物件，参与烹饪过程。这些活动虽然简单，但对于提升孩子的自尊心有着不可忽视的作用。每当孩子独立完成一项任务，父母应该给予具体的鼓励，而不是笼统的称赞。比如，可以指出孩子清理书桌时表现出的技巧，或者感谢他们在帮忙中的付出。这种具体的正面反馈，能够帮助孩子认识到自己的价值和能力。

2 增强社交自信

自卑的孩子可能会在社交场合感到不自在，因此父母需要帮助孩子在群体中找到归属感。可以通过观察孩子在学校的社交情况，鼓励他们参与集体活动，并与孩子分享班级中的趣事，强化他们对班集体的积极感知。此外，父母还可以通过询问孩子关于同学的问题，鼓励他们去发现和欣赏他人的特点，从而扩大自己的社交圈子。

3 父母用行为示范成功

孩子往往会模仿父母的行为。父母在面对挑战时展现出解决问题的能力，孩子也会从中学习如何面对困难。父母可以与孩子分享自己完成任务的过程，包括遇到的困难和克服的方法。这样的行为示范不仅能让孩子看到成功的可能，也能教会他们面对挑战的态度和方法。

5 为什么总是莫名烦躁

在班级组织的"说说我的心里话"活动中，余鱼写下了自己的感受：

今天对我来说真是糟糕透了，心情烦躁不安。这种情绪让我无法集中注意力听课、读书，甚至连做其他事情的心情都没有。

清晨，我还在甜美的梦乡中，就被妈妈一遍又一遍的喊声叫醒："儿子，该起床了，再不起床上学就要迟到了。"妈妈的喊声打乱了我的美梦。更糟糕的是，吃早餐时，妈妈还对我起床慢的行为很不满，一直在耳边唠叨。唉，妈妈的唠叨真的让我心烦，晚5分钟起床又能怎样呢？

在上学的路上，妈妈的唠叨声还在我耳边回响，让我心情很不好。不幸的是，当我试图在路口闯红灯时，被一位交通协管员拦住了，他对我进行了一番训斥。连一个陌生的老大爷都要教训我，真是烦人！

当我气喘吁吁地跑到教室时，还是迟到了。数学老师已经开始上课，我自然又被老师批评了几句。这一大早的，我怎么就这么倒霉，总是被人指责。想到这些，我心里就更加恼火，第一节课也没怎么听进去，就这样稀里糊涂地熬到了下课。

下课后，同桌向我借钢笔。我不知怎的，突然对他大发雷霆："没有！你为什么不找别人借？"同桌惊讶地看着我，仿佛在看一个怪物，说："没有就没有嘛，发这么大脾气干吗？真是的。"说完，他就去找其他同学借钢笔了。

我的好朋友丁丁走过来，关切地问我："你怎么了？是不是不舒服？要不要回家休息一下？"我不耐烦地对丁丁说："我没事，你才生病了呢！"丁丁也只好不安地走开了，留下我一个人孤零零地坐在座位上。

这一天，似乎注定了我诸事不顺。一整天，我都感到烦躁不安，看什么都不顺眼，做什么都不顺心。

晚上回到家，我想看会儿电视放松一下。妈妈看到后又开始责怪我："怎么还在看电视？作业写完了吗？今天学的课程复习好了吗？"好像哪里都没有让我安静的地方。唉，真是倒霉的一天。

成长指南

通过余鱼的心里话，我们可以看出，青春期的孩子情绪波动较大，容易受到外界因素的影响。他们渴望得到理解和尊重，同时也在努力寻找自我。作为家长，我们应该给予他们更多的关心和支持，帮助他们度过这个充满挑战的时期。

余鱼所表达的这种烦躁情绪，几乎是每个青春期男孩都可能经历的，这往往与他们在生活中遇到的一些挫折或不顺心的事情有关。

实际上，生活和学习中的不顺利并不一定导致烦躁情绪。如果余鱼能够以积极乐观的心态面对生活中的困难，努力寻找其中的积极因素，他的烦躁情绪就会得到很大的缓解。

人生的道路不可能总是平坦的，青春期的男孩也难免会遇到一些烦恼。出现烦躁情绪是一种非常正常的心理反应。

面对烦心事，需要学会换个角度思考问题。每件事情都有其两面性，如果我们总是关注负面，就容易感到烦躁，这也会对我们的行动和决策产生负面影响。

当烦躁情绪出现时，我们可以尝试通过与他人交流倾诉，参与一些积极、有意义的活动或做自己喜欢的事情等方式，来缓解自己的情绪。例如，我们可以与朋友或家人分享自己的感受，参加体育活动或兴趣小组，或者投身于自己热爱的艺术创作等。

此外，我们还可以尝试一些放松技巧，如深呼吸、冥想或瑜伽，帮助自己放松身心，减轻烦躁情绪。同时，保持健康的生活习惯，如充足的睡眠、均衡的饮食和适量的运动，也有助于调节情绪，保持身心健康。

总之，青春期的男孩需要学会正确认识和处理烦躁情绪，以积极乐观的心态面对生活中的挑战，不断成长和进步。

青春加油站

帮助青春期男孩快速平复情绪的 5 个方法

1 深呼吸

深呼吸是一种简单易行的自我调节技巧，可以帮助青春期男孩迅速缓解紧张和焦虑。当情绪波动时，可以按照以下步骤进行深呼吸：

慢慢吸气，数到 4。

屏住呼吸，数到 4。

慢慢呼气，数到 4。

重复这个过程 5 次。

这样的深呼吸练习，可以有效地降低心率，放松身体，使情绪得到平复。

2 积极想象

积极想象是一种心理调节技巧，它通过构建积极的心理画面来转移对负面情绪的关注。当情绪波动时，试着想象以下场景：

自己在一片安静美丽的海滩上，听着海浪轻轻拍打沙滩的声音。

自己完成了一项艰巨的任务，感受到成就感和自豪。

这种积极的想象有助于将注意力从负面情绪转移到令人愉悦和安心的事物上，从而达到放松的效果。

3 心理暗示

心理暗示是一种通过自我对话来改变情绪状态的方法。当情绪波动时，可以尝试对自己说以下话语：

"我能够控制自己的情绪。"

"我有能力克服这个挑战。"

这些积极的自我暗示有助于提升自信，调整情绪，使内心更加平静。

4 运动

运动是释放压力和缓解负面情绪的有效方式，它能够促进身体释放内啡肽，提升心情。当情绪波动时，可以选择快走或慢跑，让身体活动起来，释放紧张。适量的运动可以帮助青春期男孩缓解压力,恢复情绪平衡。

5 寻求支持

当情绪难以自控时,寻求他人的支持和帮助是非常重要的。青春期男孩可以与家人、朋友或老师交流自己的感受,分享情绪体验。他们可以提供安慰、建议或仅仅是一个倾听的耳朵,帮助孩子缓解情绪压力,感到更加安心。

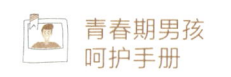

6 老师凭什么夸奖他

小刚和小楠是同班同学,两人经常一起参加班级活动。最近,小刚心里积压了不少不满,这天,他终于忍不住向小楠倾诉了自己的烦恼。

"老师真是太不公平了,"小刚气愤地说,"每次有什么表彰,总是落在小强头上。就拿上次来说,明明是我和小强一起为班级策划活动,从头到尾,大部分工作是我做的,可到了汇报的时候,小强却把所有功劳都揽在自己身上。老师听了他的一面之词,就信以为真,还一个劲儿地表扬他。我在一旁听着,心里真不是滋味,感到非常气愤和失望。"

小楠听了小刚的诉说,轻轻拍了拍他的肩膀,安慰道:"我能理解你的感受。被忽视和误解确实让人难受。但你有没有想过,也许小强并不是故意的,他可能只是一时疏忽,没有意识到你的付出。"

小刚沉默了一会儿,然后说:"也许吧,但我还是觉得不公平。我辛辛苦苦付出了那么多,却得不到应有的认可。"

小楠想了想,提议道:"我觉得你可以找个合适的时机,跟老师沟通一下。把你所做的工作和贡献都说出来,让老师了解真相。同时,你也可以表达你的感受,让老师知道你的不满。"

小刚觉得小楠的话有道理,他决定找个机会跟老师谈谈。几天后,他鼓起勇气,向老师说明了整个情况。老师听了小刚的陈述后,意识到了自己的疏忽,诚恳地向小刚道歉。

"小刚,我之前确实没有了解到全部情况,这是我的疏忽。你和小强都为班级作出了贡献,我应该公平地对待每一个人。以后我会注意的,谢谢你告诉我这些。"

从那以后,小刚学会了表达自己的想法和感受,不再把不满藏在心里。他意识到，当遇到不公时，勇敢地表达自己，积极沟通和解决，往往比生闷气更能解决问题。

成长指南

在社会和学校中，不公正的现象时有发生。尽管我们倡导平等和公正，但在现实中，要实现完全的公平是不可能的。就如同我们的手指各有长短，即使是父母，也难以做到对每个孩子都完全平等，难免会有所偏爱。

成年人面对不公可能依靠自己的社会经验、人生智慧和心理承受力来应对。但孩子如果遭遇不公，又不能自我化解，会对他们产生怎样的影响呢？

北京大学心理咨询与治疗中心主任方新老师曾经谈到过儿童与青少年的"心理创伤"问题。这种创伤不同于身体的伤害，后者我们可以看到伤口和流血，可以带孩子去医院及时治疗；而孩子的心理创伤是无形的，它深藏在内心，不为人所见。父母不能因为看不到伤痕就忽视了孩子可能存在的心理创伤，这种内心的伤害可能会深远地影响孩子未来的生活。

那么，作为非心理学专家的普通父母，应该如何识别孩子的心理创伤呢？

首先，要细心观察孩子的情绪和行为变化，比如是否突然变得沉默寡言、易怒或者有其他异常表现。其次，要与孩子建立开放的沟通渠道，鼓励他们表达自己的感受和想法。此外，如果发现孩子

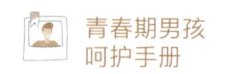

有持续的情绪问题或行为问题，不妨寻求专业的心理咨询，及时为孩子提供必要的心理支持和干预。通过这些方式，我们可以帮助孩子更好地应对生活中的不公，保护他们免受心理创伤的影响。

如果认为孩子受到了不公正的对待，引导孩子主动与老师沟通是个不错的选择。沟通过程中，如果发现孩子确实有做得不足的地方，应该找出问题并努力改进，以获得老师对孩子努力和进步的重新评价。如果问题在于老师的评价标准或未能注意到孩子的贡献，那么孩子应该坦率地表达自己的感受和期望，希望老师能够给予更多的关注和认可。

青春加油站

孩子在学校遭受不公正对待，父母应该怎么做

1 切忌去做评判

父母应该避免对孩子进行评判或指责。例如，不要说："肯定是你先做错了，不然老师怎么会只惩罚你？"或者"你怎么这么笨，作业做不来不会看看别人的吗？"这些话语会让孩子感到更加难过和无助。家应该是孩子的避风港，一个他们可以找到安慰和支持的地方。如果父母不能提供这种支持，反而增加了孩子的心理负担，这可能会导致孩子在将来遇到问题时，不再寻求父母的帮助，感到缺乏安全感。

2 留意孩子的求助信号

孩子在家庭环境中可能会表现出一些求助的信号，比如寻求拥抱、希望与父母交谈、晚上需要开灯睡觉或希望父母陪伴才能入睡。这些都是孩子在寻求安全感和心理慰藉的表现。父母应该敏锐地捕捉到这些信号，并在孩子需要时给予陪伴和支持，让他们感到被爱和安全。即使父母因工作原因不在孩子身边，也应该通过电话、视频或信息与孩子保持联系，传达关心和爱意。

3 与老师进行有效沟通

在处理孩子在学校遇到的问题时，父母应该与老师进行沟通，了解事情的全貌。老师在某些情况下可能无意中成为孩子心理创伤的源头。通过沟通，父母可以帮助老师理解孩子的处境，并向孩子传达老师对他们有所期待、希望他们能够做得更好的积极信息。如果能够达成共识，这不仅有助于消除孩子的心理阴影，也能加强师生之间的理解和信任。

第八章

健康安全
平安是最大的幸福

1 如何远离校园霸凌

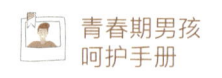

在陆放的校园里，有一群高年级的学生，他们的行为举止就像街头的小混混，经常在放学后拦截低年级的学生，向他们索要钱财和物品。这些低年级的学生因为害怕而不敢反抗，有的甚至因此不敢来学校上课。一天，陆放带着他新买的轮滑鞋来到学校，没想到在课间休息时，那几个高年级的学生围住了他，要求他交出轮滑鞋。

陆放性格直率，面对这种无理的要求，他感到愤怒。在争执中，他被激怒了，抓起教室门口的椅子，向其中一个小混混的头上砸去，导致对方受伤流血。这激起了其他小混混的愤怒，他们一起围攻陆放，陆放很快就被打倒在地。他的同班同学看到这一幕，急忙跑去叫老师，这才及时制止了这场暴力事件。

这件事最终引起了校长的注意。陆放向校长详细说明了事情的经过，并举报了那些高年级学生平时的恶劣行为。校长对那些学生进行了严厉的处罚，给予了他们相应的处分。然而，校长也认为陆放动手打人的行为不妥，要求他写一份检讨书。陆放对此感到不满，他认为自己是出于自卫，并没有做错，因此拒绝写检讨。

校长无奈之下，只能联系陆放的父亲，希望他能来学校进行面谈。陆放的父亲在了解整个事件的经过后，也对陆放的行为表示了批评。陆放则坚决反驳说："他们先欺负我，我只是在保护自己的权益。难道我应该像其他同学那样，被欺负了也不反抗，甚至要转学吗？"

成长指南

据联合国教科文组织的统计，全球每年有约 2.46 亿儿童和青少年遭受校园霸凌，这一数字令人震惊，凸显了校园霸凌的普遍性和严重性。校园霸凌不仅是一种暴力行为，更是一种社会问题，它给受害者带来了深远的伤害，并引起了社会的广泛关注。

校园霸凌的形式多样，包括语言攻击、身体伤害、隐私侵犯等。它不仅限于身体上的伤害，还包括了精神层面的软暴力，如给同学起侮辱性的绰号、恶语相向、散布关于受害者的不实谣言等。这些软暴力行为对孩子的自尊心和个性发展可能造成更深远的负面影响。

面对敲诈、勒索或身体攻击，即使是成人也会感到恐惧。但为了避免受到更深的伤害，我们应该使用正确的回应方式，勇敢地站出来，坚定地说"不"。许多施暴者其实与受害者年龄相仿，他们的行为往往是一种试探。如果在心理上屈服，任由对方欺负，这实际上是在纵容施暴者，可能会引发更严重的后果。因此，防范校园霸凌的首要原则是保持勇气，但同时也要避免激化矛盾，防止事态升级。

面对校园霸凌，虽然自我保护是必要的，但诉诸暴力绝不是解决问题的正确方法。正确的应对策略应该是及时向老师或家长求助，通过合法途径解决问题。此外，学校和社会也应当加强对校园霸凌的预防和干预，建立一个安全、和谐的学习环境，确保每个学生的权益得到保护。

青春加油站

孩子出现这6点可能遭受了校园霸凌

（1）突然抗拒去学校，但没有明确的原因。

（2）身上出现伤痕，但是无法给出合理的解释。

（3）抱怨在学校中有一些同学针对自己。

（4）情绪与之前相比出现明显的变化，如闷闷不乐，说话变少，容易激动，仿佛性格都变了。

（5）强烈要求家长接送自己上下学。

（6）突然出现失眠、做噩梦、早醒等睡眠问题。

2 染发文身不适宜，自然健康更清爽

舒高在妈妈眼中一直是个乖巧听话的孩子，但最近他开始对时尚和审美产生浓厚的兴趣，想要通过外形来吸引别人的注意。一次周末，妈妈给了舒高一些钱，让他自己去理发。舒高兴奋地出门，期待着自己的新形象。

不久后，舒高回到家，推开门的那一刻，妈妈惊讶得几乎认不出他。原本的发型不见了，取而代之的是一头五颜六色的卷发。妈妈忍不住问："舒高，你这是按照理发店的标准做的发型和颜色吗？"舒高得意地回答："是的，妈妈，你看我是不是很酷？你应该为有这样一个帅气的儿子感到骄傲。我在街上走的时候，大家都会回头看我。"

妈妈觉得既好笑又有些生气，她告诉舒高："大家回头看你是因为你的发型太夸张了，看起来像小孩子把颜料涂在了头发上。"舒高听到妈妈的话，有些失落，不再说话。

晚上，妈妈催促舒高去洗澡，舒高磨磨蹭蹭不愿去。直到妈妈坚持让他脱掉上衣，才发现舒高的右胳膊上有一个狮子造型的文身。妈妈一开始还以为是真的纹身，紧张得不得了。确认只是文身贴纸后，妈妈立刻要求舒高洗掉。

舒高不情愿地说："为什么啊，这个文身贴纸我可是花了50元钱买的，可以保持一个月呢！"妈妈坚决地说："学校里的老师会允许你这样吗？看看你的头发和文身，你这还是中学生的样子吗？看起来就像社会上的小混混。"

在妈妈的耐心劝说下，舒高最终同意洗掉文身贴纸，并和妈妈达成了一个协议：如果老师对他的发型有意见，他会立即去染回黑色，并剪

回规矩的发型。第二天中午，舒高果真被老师要求去理发。他意识到妈妈的话是对的，决定以后要更加注意自己的形象和行为，不再追求过于张扬的外表。

成长指南

在青春期，孩子常常会出于好奇和追求个性，尝试一些成人的行为，如染发或文身，以此来表示他们已经长大，希望被视为成熟个体。随着身体的发育，他们开始模仿大人的行为，男孩可能会尝试抽烟、喝酒或文身，而女孩可能追求时尚装扮，包括染发、烫发、化妆等，认为这样能够彰显自己的成熟。

这种心理特征普遍存在于青春期的孩子中，但表现的强烈程度因家庭教育模式的不同而不同。青春期的孩子容易冲动，他们正在形成自我人格，渴望独立，有时会通过挑战父母的权威来争夺自主权。

面对孩子这样的挑战，父母可以采取理解和沟通的方式来应对。例如，如果孩子想要染发，父母可以先表达理解和支持，然后提出学校的规章制度，让孩子意识到染发可能会带来的后果。

父母可以这样对孩子说："孩子，把头发染成黄色确实能让你看起来更有个性，更帅气或更漂亮。我支持你的想法，也愿意为你支付染发的费用。但学校有规定，不允许学生染发。你打算怎么处理这个问题？"

孩子可能会反驳，其他同学染发老师并没有干涉。这时，父母可以进一步解释可能的后果，比如老师可能会因为关心他而采取不同的措施，或者担心他的染发行为会引发其他同学的模仿。

父母可以继续说："如果老师要求你把头发染回黑色，你愿意立即照做吗？我相信你不会因为染发而放弃学业，对吗？"通过这样的对话，大多数孩子最终会理解并接受父母的建议。

事实上，当父母将这些道理讲清楚后，很多孩子第二天就不再坚持染发了。他们真正追求的是决策权，而不一定是对染发本身感兴趣。当然，如果孩子仍然坚持，父母可以陪同他去染发，并让他承诺当老师提出异议时，会立即纠正。

这种方法同样适用于处理孩子抽烟、文身或穿着奇装异服等问题。只要父母真正理解孩子追求的是自主权和选择权，很多问题就能得到妥善解决。通过这种方式，父母不仅能够引导孩子作出明智的选择，还能加强与孩子之间的信任和沟通。

青春加油站

经常染发对身体有什么危害

1 患淋巴疾病概率增加

研究表明，使用染发剂的人群比不使用染发剂的人群更容易患上淋巴方面的疾病以及白血病，特别是使用了劣质染发剂的人群，患癌风险会更高。

2 皮肤过敏

染发剂中的某些物质可能引发皮肤过敏,导致皮肤瘙痒、肿痛等问题,特别是一些质量不好的染发剂,更加容易造成这些问题。

3 加剧脱发

染发不仅会让发质变差,还会加重脱发的程度。长期脱发的人尽量不要染发,否则会让发量变得更少。

3 拒绝香烟的诱惑，男人味不体现在这里

林磊很早就注意到，他们班上有些男生经常偷偷抽烟，因为他已经多次从他们身上闻到了烟味。有一次，他惊讶地发现几个女生身上也有很重的烟味。一天，吴轩神神秘秘地把林磊拉到操场，对他说："今天我受班里男同学的委托，要彻底改变你这个不抽烟的顽固分子。我们都很好奇，为什么你从来不问我们抽烟的事，也不主动找我们要烟抽？"

林磊听后笑了笑，回答说："我早就知道你们抽烟，这并不奇怪。但我真的不想抽，因为我爸爸就从不抽烟，我从小就生活在一个无烟的环境中。"吴轩听到林磊的爸爸不抽烟，显得很惊讶："真的吗？你爸爸不抽烟？我认识的所有中年男人都抽烟。那你爸爸……会不会……不像男人呢？"

林磊拍了拍吴轩的肩膀，说："你在想些什么呢？不抽烟就没有男人味吗？我爸爸在单位里很有威严，很多人敬畏他。"吴轩听后，心中有些动摇，问："如果我说抽烟更有男人味，你会抽吗？"

林磊坚定地摇了摇头："当然不会，我可不会那么傻！抽烟有害健康，我要成为一个既健康又威严的真男人，就像我爸爸一样！"吴轩听后，点了点头，不再试图说服林磊抽烟。

成长指南

青春期是孩子成长的一个重要阶段，他们的身心都在不断变化。在这个阶段，他们可能会面临更多的压力和挑战，比如学习压

力、人际关系压力等。这个时候，有些孩子可能会选择抽烟来缓解压力和满足内心的需求。

青春期的抽烟行为并非孤立现象，其根源可以追溯至孩子成长的早期阶段，包括婴幼儿时期、学龄前和学龄期。青少年持续抽烟的原因有很多，主要有以下4个。

成年人的示范作用： 孩子在成长过程中，以父母和老师为榜样。如果他们观察到这些成年人抽烟，并将其视为成熟或自由的象征，他们可能会模仿这种行为，尽管最初他们可能会感到不适。他们会认为抽烟是一种让自己看起来更成熟或独立的方式，甚至认为这是一种长大的标志。

融入群体的需求： 青少年时期，与同伴建立联系和获得认同感至关重要。社会孤立可能导致长期的认知和情感调节问题。根据心理学的社会传染理论，行为和情绪可以在群体中迅速传播。如果孩子最好的朋友开始抽烟，他们很快也会受到影响，因为强烈的团体意识可能促使他们为了获得认可而模仿同伴。

好奇心驱使： 强烈的好奇心会让孩子非常渴望知道为什么别人如此喜欢抽烟。好奇心没有得到满足之前，孩子不会停止探究和尝试。

情绪调节： 青春期的孩子可能会面临心理压力，他们可能会用抽烟来缓解这些压力。尼古丁具有缓和抑郁情绪的作用，所以情绪低落的人可能更容易依赖香烟。但长期抽烟可能增加患抑郁症的风险。

青春加油站

青春期孩子远离香烟的有效方法

1 揭示抽烟真相

抽烟并非如某些青少年所想的那样具有吸引力或酷炫，实际上，它往往会引起周围人的反感，特别是会引发异性同学的反感。吸烟还会导致一系列不良后果，如口臭、牙齿变色、牙龈问题、持续干咳、体味不佳以及手指沾染烟渍等。

2 家长树立榜样

父母通过自己的行为来为孩子树立健康生活的榜样。如果父母中有吸烟者，而同时又期望孩子戒烟，这可能会传递出矛盾的信息。在这种情况下，家中不吸烟的一方可以与吸烟者一起制订一个戒烟计划，相互提供支持和监督。

3 营造积极的社交氛围

鼓励孩子多与不吸烟的同伴交往，可以增强他们戒烟的动力。同时，培养他们的成长型思维模式，帮助他们在戒烟过程中学习和成长。

4 持续鼓励孩子

对孩子的戒烟尝试给予积极的反馈和鼓励至关重要。即使孩子在戒烟过程中遇到挫折，父母也应该持续提供支持，避免过度批评。

5 **积极参与学校活动**

许多学校都有预防吸烟的计划和活动,家长应与学校合作,共同监督孩子的生活习惯,并在学校之外提供健康、有趣的娱乐选择。

4 当危险降临时,如何有效求救

陆放和同学一起去电影院看了场电影,看完后他们乘坐公交车回家。然而,在回家的路上不幸发生了车祸,公交车突然侧翻了。事故来得太快,陆放和同学还没来得及做出反应,就已经随着公交车一起翻倒在地。

那一刻,陆放感到非常害怕,但他的意识很清醒。他发现自己的手和头部都受了擦伤,而他的同学鼻子在流血。陆放尽力让自己冷静下来,尝试着站起来,然后猫着腰走到同学身边,小心翼翼地将他扶起,询问他是否感觉不适。

在确认自己和同学都只是受了轻伤后,陆放开始观察周围的情况。他看到有的乘客正痛苦地呻吟,意识到情况的严重性。他迅速拿出手机拨打紧急求助电话。陆放先是拨打了120急救电话,然后拨打了110报警电话,同时和同学一起尝试着从侧翻的公交车中爬出来。

这时,一些热心的路人已经开始对他们进行救援。在路人的帮助下,陆放和同学艰难地从公交车中爬了出来。陆放注意到同学的腿似乎受了伤,他立刻扶着同学到路边的安全地带坐下,然后打电话通知他们的父母,并告诉他们不要过于担心。

成长指南

每位家长都渴望为孩子营造一个安全与幸福的环境,然而现实生活并不总是如此。孩子在成长的道路上,不可避免地会面临各种潜在的危险和意外。在案例中,陆放的应对措施十分得当。当意外事故发生时，他没有陷入恐慌。他首先进行了自我检查，确认自己没有受到严重伤害后，还细致地观察了周围环境，这使得他在报警时能够提供更准确的现场信息。当发现同学腿部受伤，他并没有盲目地带领同学行走，而是让同学坐在路边的安全地带，以防止伤势加重。在完成了一系列自救措施之后，他才联系了父母，向他们报告了自己的安全状况。

在意外事件中，受伤往往是难以避免的。青春期的男孩应该掌握一些基本的急救技能，以便在紧急情况下能够妥善应对。例如，如果遇到骨折的情况，应避免随意移动受伤部位；如果必须移动，应先进行简易的固定和包扎处理。对于颈部受伤的情况，更应谨慎，避免任何可能导致进一步伤害或瘫痪的不当移动。同时，如果自己受到严重伤害，应保持冷静，避免因紧张和急躁而加剧出血情况。在这种时刻，应立即拨打紧急电话求助，并尽可能清晰地描述自己的状况和位置。记住，自救是面对危机的关键，保持冷静，积极自救，避免无益的慌乱。

青春加油站

青少年遭遇突发危险时如何自救

1 跑

一旦察觉到潜在的危险或异常状况，应立即采取行动逃离现场。如何逃离？应朝着远离危险区域的方向迅速移动，尽可能地远离事发地点。选择熟悉的路径，避免进入可能无处可逃的死角。在逃跑时，应丢弃任何可能减慢速度的重物，例如书包或水杯，确保轻装上阵，快速逃离。

2 躲

如果无法迅速逃离，应寻找最近的避难所，这包括邻近的商店、餐馆或住宅楼等人多的地方。在紧急情况下，不要考虑是否熟悉这些地方或人，关键是要找到可以提供即时帮助的安全地点。

3 静

如果发现自己处于一个陌生且无人的地方，为了避免被坏人发现，保持安静至关重要。将手机和其他可能发出声响的设备调至静音模式。在确保不发出任何声音的情况下，通过微信或短信等方式，悄无声息地联系家人或朋友，请求援助。

4 等

如果不幸被不法分子控制，记住不要大声呼救或抵抗，而应保持镇定，顺从配合，等待外部救援。避免任何可能激化情况的行动，耐心等待警方的救援行动。

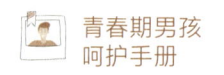

5 热爱运动，让男孩更帅更阳光

杨栎是个各方面都很优秀的学生，唯独在体育方面总是显得有些力不从心。由于体形偏胖，他在体育课上的表现总是不尽如人意。小学升初中时，他的体育成绩勉强及格。进入初中后，杨栎的胃口变得更好，缺乏运动的他，身材依旧保持着胖胖的模样。

然而，随着时间的推移，杨栎看到其他男生瘦高的身材和帅气的外表，心中不禁生出了羡慕之情。他心想："我也不算矮，不能因为体形问题就影响我的魅力。"经过一番深思熟虑，杨栎决定放弃过度的口腹之欲，坚持健康饮食和运动，让自己变得更加帅气。

减肥对于杨栎来说并不容易。节食初期，他经常感到饥饿难耐，胃部空空荡荡，食物在胃里显得格外稀少。但杨栎并没有放弃，他坚持了下来。后来，他开始坚持运动，从锻炼肺活量开始，逐渐过渡到快步走、慢跑、打乒乓球等。

慢跑成为杨栎每天的必修课。随着时间的推移，他身上的赘肉逐渐减少，肌肉线条越来越明显。杨栎逐渐从一个典型的宅男，变成了一个热爱运动、阳光帅气的大男孩。他的精神状态也发生了天翻地覆的变化，从曾经的懒散无力，变得充满活力，就像春天到来，唤醒了沉睡的大地。

成长指南

大多数的体育活动是全身性的运动，能够有效地锻炼肌肉、骨骼和心肺功能。通过参加各种形式的比赛或训练，青少年可以在短时间内消耗大量的能量，从而提高身体的代谢水平，减少脂肪堆积，达到减肥瘦身的效果。

体育锻炼还可以增加骨骼密度，预防骨质疏松症，并有助于维持正常的身高增长。青春期孩子的身高增长迅速，长高的原因主要是骨骼的发育。男孩每年可增高 7～9 厘米，甚至达到 10～12 厘米；女孩每年可增高 5～7 厘米，多则可达 8～10 厘米。这主要靠下肢和脊柱的增长。一般女性在 19～23 岁、男性在 23～26 岁身高才停止增长。

研究发现，那些每天运动时间少于半小时的孩子，他们未能达到遗传身高的潜在风险是那些经常运动且每次运动超过半小时孩子的 1.9～3 倍。经常参加运动的孩子相比那些不常运动的同龄人，平均身高高出 4～8 厘米。因此，运动在激发身高发育潜能方面发挥了显著的促进作用。

体育锻炼还对青少年的学业成绩有着积极的影响。研究显示，经常参与体育活动的学生在创造性思维和解决问题的能力上超越那些不参与的学生；他们表现出更高的专注力和更持久的注意力，记忆力也更为出色；在考试中，他们的表现也更为优异。这些优势不但有助于他们在学业上取得更好的成绩，而且为他们的未来奠定了坚实的基础。

青春期孩子的运动量应控制在每周 2～3 次，每次 30～60 分钟。适量的运动可以促进骨骼的发育，而过量的运动会影响骨骼的正常发育。尤其是孩子在硬地面上反复进行跳跃练习，时间过长，会使下肢骨骼过早钙化或引起骶软骨损伤，从而影响骨的正常生长发育。同时要避免长时间进行举重、杠铃、铅球、铁饼等负重训练，以免影响下肢骨骼的正常发育。

青春加油站

多做这几项运动，助力孩子长高

1 篮球

篮球运动包含了大量的奔跑和跳跃，这些动作有助于儿童舒展身体，促进骨骼在成长期间的发育。

2 跳绳

跳绳被认为是促进儿童身高增长的最佳运动之一，它能够对骨骼生长产生积极的刺激，促进血液循环，激发生长激素的分泌。

3 立定跳远

立定跳远是一项发展下肢爆发力和跳跃能力的运动，它能够有效锻炼下肢，促进下半身骨骼的生长。

4 跳高

跳高运动的原理与跳远相似，都能锻炼下肢和手臂的肌肉，并通过拉伸动作促进身体发育。

5 **仰卧起坐**

这项运动有助于背部和腰部的拉伸，对长高有很大的作用。

6 **摸高**

反复的跳跃运动对于生长激素的分泌有促进作用。

7 **游泳**

在游泳的过程中，四肢、躯干得到充分舒展，许多重要关节如肩关节、膝盖、脚踝等不断得以延伸，有助于长高。

第九章

学海扬帆

为梦想插上翅膀

1 男孩，你在为谁读书

丁墨和君浩是从小一起长大的好朋友，两人的成绩一直不相上下。当他们一同升入高中时，他们的成绩依然旗鼓相当。

然而，高中生活开始后，丁墨的心态发生了变化。由于丁墨和君浩上的是寄宿式高中，丁墨有生以来头一回获得了"自由"。他开始放纵自己，用父母给他买来联系家里的智能手机上网，看小说、玩游戏。为了充分利用时间来玩儿，丁墨开始马虎对待作业，睡得也越来越晚。如此一来，丁墨的学业成绩自然一落千丈。

与丁墨不同，君浩从进入高中的那一刻起，就为自己定下了明确的目标。他告诉自己，为了实现自己的理想和拥有美好的未来，必须努力学习。因此，君浩投入了更多的时间和精力在学习上，他的成绩稳步提升，成为班上的佼佼者。

期末考试的日子很快到来，丁墨因为平时不用功，考试结果自然不尽如人意。成绩公布后，他发现自己已经和发小君浩拉开了极大的距离。这突然让他感到了压力。

为了赶上朋友，丁墨放下玩乐，但拉下的进度不是那么好追赶的。在努力一段时间却收效甚微的情况下，丁墨开始感到既焦虑又迷茫。

过去，他在父母的督促下学习；如今，他在不服输的心态下学习，他似乎从来没有考虑过学习的真正意义和作用。

第九章
学海扬帆：为梦想插上翅膀

成长指南

孩子从小学升入中学，学习的压力逐渐增大，他们开始感到迷茫，不明白读书的真正意义。这种迷茫并非个例，青少年时期的困惑是普遍存在的。老师和父母常说，读书是为了报效祖国和个人的未来，但对于孩子来说，这些目标似乎遥不可及。如果他们不能理解为何而读，学习就会变成负担。内在动力的缺失，即缺乏对学习的兴趣和完成后的满足感，会导致他们缺乏主动性。

正如丁墨和君浩的故事所展示的，选择不同，结果也会截然不同。丁墨因缺乏明确的目标和内在动力，最终在学业上遭遇挫折；相反，君浩通过坚持不懈地努力，为自己铺就了一条通往成功的道路。

其实，学习不仅是为了应对考试或满足他人的期望，而是为了自己。正如古语所说："授人以鱼，不如授人以渔。"在知识的海洋中，我们不可能掌握所有的知识，但我们可以培养终身学习的能力，根据自己的需要去探索和学习。

人生的道路是由自己的选择和努力铺就的。面对诱惑和挑战，我们应该保持清醒的头脑，明确自己的目标，坚持不懈地为之努力。只有这样，我们才能在人生的道路上走得更远，实现自己的梦想。通过努力学习，青少年可以装备自己，不仅为个人的成长和发展打下基础，也为将来服务社会、贡献国家做好准备。

知识是通往幸福和成功的桥梁。热爱读书的人，像君浩一样，未来充满无限可能。他们通过学习不断提升自己，不仅能够实现个人的梦想，还能够为社会的进步作出贡献。因此，每个青少年都应该认真思考自己的学习目标，找到自己的内在动力，让学习成为一种享受而非负担。

青春加油站

做好这4点，让青春期男孩明确学习目标

1 了解国内外同龄人如何学习

了解不同文化背景下同龄人的学习方式和态度，通过比较和反思，孩子可以找到适合自己的学习方法，设定合理的学习目标。

2 读伟人传记，见贤思齐

伟人的故事充满了励志和启迪，通过阅读他们的生平，青春期男孩可以从中汲取力量，学习他们面对困难时的坚韧和勇气。

3 每天学习一条格言

格言是智慧的结晶，简短而有力。每天学习一条格言，可以让青春期男孩在日常生活中不断自我激励，保持积极向上的态度。

4 设计自己的座右铭

座右铭是个人行为的指南，设计一条能够反映自己学习态度和目标的座右铭，能够让青春期男孩时刻提醒自己不断努力，不落后于同龄人。

第九章
学海扬帆：为梦想插上翅膀

2 男孩不想上学怎么办

林威自上学以来，一直是老师和同学们心目中品学兼优的模范生，成绩始终在年级里名列前茅，每年的三好学生名单上总有他的名字。林威如愿考入了一所重点高中，对自己的高中生活充满了期待和规划，他渴望能像小学和初中时一样，继续成为众人瞩目的焦点。

然而，高中生活开始后，林威既感受到了新鲜，也感受到了前所未有的压力。期中考试时，他的成绩排在全班第五，年级里可能要排到十名左右，这对他来说是一个巨大的打击。短暂的失落之后，林威决定加倍努力，虽然成绩有所回升，但学习过程并不轻松。为了提高成绩，他几乎把所有的课余时间都投入到了补习班中，对其他兴趣和活动的关注自然就减少了。

随着时间的推移，林威发现自己在体育课上的表现平平，同学们都不愿意和他一起踢球或打球；课间，当同学们热烈讨论时事时，他完全插不上话，因为他从未关注过这些话题。林威渴望融入同学们，于是开始努力练习足球和篮球，关注新闻和广播，但这又让他感到学习时间被挤压，担心成绩会受到影响，内心充满了焦虑和苦恼。

时间一长，林威开始害怕上学，害怕面对老师和同学。每晚临睡前，他都会幻想如果天永远不亮，如果每天都是周末，如果自己生病了不用去学校该多好。

成长指南

林威的故事是青春期孩子在成长过程中可能遇到的厌学情绪的一个缩影。这种情绪的表现多样，它可能通过身体症状显现出来，如经常性的头痛、头晕、失眠，或是腹痛、胸痛、乏力等，甚至有时表现为心慌、恶心和呕吐。这些症状往往是心理问题的外在体现。

然而，许多家长和教师对这一现象的认识并不深刻，他们倾向于将学生的厌学情绪简单化为对学校的厌恶或是一种逃避责任的行为，常常采取严厉或粗暴的方式去应对，而没有深入挖掘造成这种心理状态的根本原因。

要真正解决青少年的厌学问题，我们需要从根本上着手。家长和教师应当更加深入地了解孩子的内心世界，关注他们所面临的压力和困惑，并提供恰当的指导和支持。此外，家长还应该引导孩子正确认识学习的价值和成绩的意义，培养他们的综合能力，激发他们对学习的兴趣和热情，帮助他们发现学习过程中的乐趣，从而逐步克服厌学情绪，重新点燃对知识的渴求和对学校生活的热爱。通过这样的努力，帮助青春期孩子建立起积极的学习态度，为他们的未来打下坚实的基础。

青春加油站

厌学症常见的 10 种表现

1 情绪波动大

情绪不稳定，易怒或抑郁，对学校生活缺乏兴趣。

2 成绩下降

学习成绩明显下滑，对学习缺乏动力和积极性。

3 社交退缩

与同学和老师的关系疏远，不愿意参与集体活动。

4 行为问题

可能出现逃课、迟到、早退等行为，甚至可能涉及违规行为。

5 身体症状

可能会出现头痛、头晕、失眠、腹痛、胸痛、乏力，甚至表现为心慌、恶心和呕吐等身体不适，作为逃避学习的手段。

6 注意力不集中

在课堂上容易分心，难以专注于学习内容。

7 自我价值感下降

可能对自己的能力产生怀疑，感到自卑或不被理解。

8 对未来缺乏规划

　　对个人未来缺乏明确的规划和目标，感到迷茫。

9 对家庭和学校环境不满

　　可能对家庭或学校环境感到不满，认为这些环境限制了他们的自由和发展。

10 沉迷网络或游戏

　　可能会过度依赖网络或电子游戏来逃避现实问题。

第九章
学海扬帆：为梦想插上翅膀

3 学习，让我怎么爱上你

林彬是初中二年级的学生，他在班级中的学习成绩一直徘徊在中等偏下的水平。回想起小学时期，林彬的各科成绩都还算不错，甚至可以说是中等偏上。然而，自从升入初中后，林彬的学习成绩开始逐渐下滑。这让他的妈妈非常焦虑，她认为林彬学习不够刻苦，经常批评他做作业时精力不集中，复习功课时也不认真。

随着批评的增多，林彬对妈妈的不满情绪也逐渐积累，他不止一次与妈妈发生争吵。林彬的妈妈无奈地向老师诉苦："老师，您看我们家林彬的学习成绩为什么就是提不上去呢？每次我让他看书，他总是看着看着就开始打哈欠，好像要睡着了一样。而且，他做作业特别慢，别人一小时就能完成的作业，他要拖上两小时，就连拿个橡皮也要磨蹭半天。上次单元测试前，我让他复习，他竟然说'有什么好复习的'。我追问了半天，他才说'学习没什么意思，有什么好学的'。老师，您说这该怎么办呢？"妈妈对林彬的厌学情绪感到非常烦恼，而林彬自己似乎并不着急。他觉得学习没有乐趣，也没有什么实际的用处。他甚至开始怀疑自己是否适合学习。不管怎么努力，成绩都不见提高，这让他对学习失去了信心，有些自暴自弃。

实际上，林彬内心深处也是非常着急的。他不明白为什么上课时老师讲的知识点他总是难以理解；面对作业题时，他感到无从下手，头昏脑涨。用一句话来形容林彬的情况，那就是"这些知识，它认识我，而我不认识它"。

随着时间的推移，林彬对学习的兴趣逐渐消失。他开始逃避作业，不愿意上课，甚至不想去学校。而父母却仍然不停地批评他学习态度不

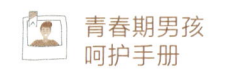

端正，这让林彬感到无比烦恼。

成长指南

大部分青春期的男孩对于学习并没有什么认知，对于他们来说，学习是很枯燥的，学习中没有乐趣，学习很累。如果父母再给孩子过高的期望和压力，孩子可能会感到更加沮丧和抵触。青春期是一个充满变化和挑战的时期，孩子在寻求自我认同和独立性，过高的期望和压力可能会让他们感到被束缚，从而对学习产生逃避心理。

教育的真正意义远远超越了简单的知识传递。它应当是一种全面的培养，不仅关注学生的智力发展，也关心他们的情感和心理状态。在林彬的案例中，这一点显得尤为重要。家长要认识到，每个孩子都是独特的个体，他们需要的不仅是知识的滋养，更是兴趣的激发和心理的关怀。

林彬的父母对他的期望很高，这本是出于对他的爱和对他未来的关心。然而，如果期望只停留在成绩的层面，而忽视了林彬内心的感受和实际的困难，这样的期望反而可能成为他前进的负担。家长需要与孩子进行深入的沟通，理解孩子对学习失去兴趣的真正原因，从而提供更有针对性的帮助。

为了帮助林彬重拾学习信心，首要任务是找到适合他的学习方法。每个人的学习风格都是不同的，有的喜欢视觉学习，有的偏好动手实践。家长可以通过观察和沟通，发现孩子的学习偏好，并据此调整学习方法。同时，要让孩子明白，学习不只是为了考试和分数，更是为了获取知识、培养能力、发展个性。

此外，激发学习兴趣是提高学习成绩的关键。林彬需要的不是空洞的说教，而是实际的帮助和支持。家长可以通过创造有趣的学习情境、提供丰富的学习资源、组织多样化的学习活动，来激发他们的学习兴趣。当孩子在学习中体验到快乐和成就感时，他自然会更有动力去学习。

青春加油站

青春期孩子叛逆厌学怎么办

1 避免给孩子传递负面情绪

多给予积极的鼓励，为孩子提供正确的方向指引，帮助他们建立自信，培养积极向上的心态。

2 深入了解孩子厌学背后的真正原因

与孩子进行开放而诚恳的对话，了解他们对学习的看法和感受。倾听他们的想法，理解他们的困惑和挑战。多注意孩子在学习时的行为模式，比如他们是否容易分心，是否对某些科目特别抵触，这可能是发现问题的线索。

3 为孩子创造一个有利于学习的家庭环境

创造温馨、积极的家庭环境。当父母自身也投入到阅读和

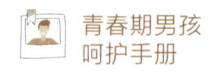

学习中，孩子自然而然会形成良好的学习习惯，无需过多外在的督促。

4 让孩子适当体验生活的不易

安排孩子参与一些劳动或社会工作，让他们亲身感受生活的艰辛和挑战。之后，与孩子探讨他们对未来生活的期望和梦想，引导他们思考如何通过学习来实现这些目标。

第九章
学海扬帆：为梦想插上翅膀

4 学习学习，我的未来在哪里

陈思辰是班里的学霸，性格稳重，担任班长，深受同学们的喜爱和支持。但最近，陈思辰总是眉头紧锁，似乎有什么心事困扰着他，因为他对学习的意义产生了怀疑。上周末，他和好友林鹏宇一起骑自行车去郊外散心，沿途的美景让人心旷神怡，他们一路上欢声笑语，心情愉悦。

到了中午，两人在树荫下铺开野餐布，边吃边聊，话题从班级趣事到个人生活，无所不谈，气氛轻松愉快。不知不觉中，两人竟聊了两小时。林鹏宇躺在草地上，突然问陈思辰："你说我们学习到底是为了什么？我觉得学习好无聊啊……"声音越来越低，最后竟然睡着了。

陈思辰摇了摇头，也躺在草地上，脑海中回响着林鹏宇的问题。虽然林鹏宇可能只是随口一问，但陈思辰却陷入了沉思："是啊，我现在努力学习到底是为了什么呢？我长大后还会记得现在所学的知识吗？如果将来用不上，现在学这些又有什么意义呢？"直到林鹏宇醒来，陈思辰依然没有想明白。虽然他知道现在没有必要考虑这么多，只要听从父母和老师的教导，好好学习就行，但这个问题还是会时不时地在他脑海中盘旋。

成长指南

读书，对于青少年而言，是一个探索自我、认识世界的过程。如果一个青少年在成长的关键时期未能理解读书的深层含义，不清楚自己追求学问的方向，那么他将很难为自己的人生航程设定准确的航标。这样的迷茫不仅会影响他的学习效率，还可能对他的未来产生深远的影响。

陈思辰并不是个例，事实上很多青春期的孩子会对学习感到迷茫，只是大多数人想想就过去了。很多学生认为自己现在所学的知识"没什么用"，因为他们觉得现在的一些知识，在将来的工作、事业中根本用不上。家长应该正视孩子学习过程中的困惑，对他们进行正确的引导。

在校学习可以为青少年提供必要的知识和技能。在知识经济时代，不断更新的技术和信息要求我们具备终身学习的能力。通过读书，青少年可以掌握前沿的科学知识、专业技能，为将来的就业和职业发展打下坚实的基础。

同时，这个阶段的学习不仅限于课堂，还包括对自然、历史、文化、艺术和哲学等各个领域的探索。通过学习，青少年可以开阔视野，了解不同的文化和观念，更好地理解国家的历史、现状和未来发展，激发爱国情怀和社会责任感，还能够丰富精神世界，提升人文素养，建立正确的价值观和人生观。

总之，青少年读书是为了装备自己，为未来的人生打下坚实的基础。这不仅是为了个人的成长和发展，也是为了能够在未来更好地服务社会、贡献国家。因此，每个青少年都应该认真思考这个问题，找到属于自己的读书目标，让学习成为通往未来的桥梁。

青春加油站

青少年应该怎样规划未来

1 自我认知

鼓励男孩进行自我探索，了解自己的兴趣、优势和价值观。这有助于他们选择与个人特质相符的学科和职业路径。

2 目标设定

帮助孩子设定短期和长期的学习目标。短期目标可以是学期成绩的提升，长期目标可以是大学专业或职业规划。

3 时间管理

教授有效的时间管理技巧，如制订学习计划、优先级排序和遵守截止日期，这些技能对孩子的终身学习和职业发展都有益。

4 学习技能

培养良好的学习习惯和技能，包括批判性思维、解决问题的能力以及自主学习的能力。

5 探索职业

通过职业介绍、现场实习或职业体验活动，了解不同职业的工作内容和要求，帮助他们对未来职业有更清晰的认识。

5 这位老师的课不想听

王功的数学成绩一直不太理想,这并不是因为他对数学本身没有兴趣,而是因为他对新的数学老师有些看法。原先的数学老师李老师教学方法新颖,深受同学们喜爱,王功和李老师的关系也非常好。但今年一开学,李老师就被调走了。新来的肖老师虽然教学能力很强,但总是一副严肃的表情,不太和同学们交流,很多同学不太喜欢肖老师。

有一次,王功上课迟到了,被肖老师罚站了一节课。从那以后,王功觉得数学老师似乎有意针对他,比如上课时故意提问他一些难题,答不上来就罚站。以前,王功在校园里遇到数学老师,都会礼貌地打招呼。但有一次,他向肖老师打招呼时,肖老师并没有回应。王功认为数学老师记仇,故意不理他,让他感到非常尴尬。他暗自决定,以后再也不理数学老师了。

从那以后,每次上数学课,王功都觉得很烦,总觉得数学老师看他的眼神里似乎有其他含义。就这样,王功对数学老师的成见越来越深,有时甚至在课堂上插话,打断老师讲课的节奏。渐渐地,他的数学成绩也越来越差。

成长指南

在求学的旅途中,孩子不可避免地会遇见教学理念和风格迥异的老师。每位教师都有其独特的教学方法和个性,这些差异是教学多样性的体现，也是我们学习过程中不可或缺的一部分。我们必须接受并尊重每位教师的个性和教学风格，学会与他们建立和谐的关系。

王玏因对某位老师不满而选择放弃听课，这种做法不仅短视，而且对自己的学业和未来都是极大的不负责任。事实上，教师通常不会有意针对某个学生，很多时候，师生之间的误会和矛盾，往往源于双方沟通不足。

我们常把老师比作学生人生旅途中的灯塔，他们不仅为学生照亮前行的道路，更引导他们不断向前。当老师对学生施加惩罚时，其背后的意图是促进学生的成长和自我提升，而非与学生为敌。

因此，我们绝不能因为一时的情绪波动而放弃对知识的探索和学习。学习不是为了迎合某位老师，而是为了我们自身的成长和发展。我们应该学会欣赏和尊重每一位教师的教学风格，通过积极的沟通来消除误解，共同营造和谐、积极的学习氛围。

学习是一个自我提升的过程，它关乎个人的知识积累和能力培养。每位老师都是这一过程中的助力者和伙伴。通过与老师的互动，我们不仅能够获得知识，还能学会面对挑战，解决问题。因此，即使遇到教学风格不合口味的老师，我们也应保持开放的心态，寻找与老师沟通的桥梁。千万不要因为一时的不满而放弃自己的学习。

青春加油站

孩子因不喜欢某位老师而偏科怎么办

1 理解孩子的感受

与孩子进行深入的沟通,了解孩子不喜欢老师的具体原因。这有助于找到问题的根源,并针对性地解决问题。

2 引导孩子发现老师的闪光点

家长可以和孩子一起探讨老师的优点,比如教学能力、专业知识、对学生的关心程度等。通过这种方式,帮助孩子全面地看待老师,而不仅是关注其不足之处。

3 培养学习兴趣

对于孩子缺乏兴趣的科目,家长可以通过提供科普读物、相关纪录片、科学实验演示等方式,激发孩子的好奇心和探索欲。例如,对于不喜欢物理的孩子,可以让他们阅读关于宇宙和物理学的科普书籍,向他们展现科学的魅力。

4 利用榜样的力量

通过讲述科学家的故事或名人传记,展示这些人物如何克服困难,取得成就,从而激发孩子对学科的兴趣和尊重。

5 设定目标和奖励

与孩子共同制订具体的学习目标,并为实现这些目标设立有吸引力的奖励机制,帮助他们体验到达成目标的成就感和满足感,逐步培养自我驱动的学习习惯。

6 一到考试就紧张怎么办

林磊是个学习非常刻苦的学生，但他的成绩总是起伏不定，好的时候能排在班级前列，差的时候却只能处于中游。最近几次考试，林磊的成绩一直未能突破中游，这让吴老师感到非常担忧，决定找林磊进行一次深入的谈话。

通过与林磊的交流，吴老师了解到，他成绩不稳定的主要原因是考试时的压力过大，这使他无法发挥出正常水平。每逢考试，林磊都会感到极度紧张和焦虑，担心成绩不佳会受到老师和父母的责备。由于每次考试前父亲都会给他设定目标，比如要提升多少名次、达到多少分，这使林磊在复习时难以集中精力，晚上也睡不安稳，考试时自然难以表现出色。林磊的父母对此非常着急，却不知道如何帮助他缓解紧张情绪。

在一次家长会上，林磊的母亲向吴老师诉说了这一情况。吴老师对她说："您的孩子之所以每次考试成绩不理想，主要是因为他承受的心理压力太大。家长对他的期望过高，每次考试都给孩子设定一个又一个目标，虽然本意是想让孩子将压力转化为动力，但对于心理素质较为脆弱的青少年来说，压力往往会变成阻碍，让孩子产生不必要的紧张情绪。"

成长指南

青春期的孩子在面临考试或竞赛时，常常背负着来自父母和老师的期望，承受着巨大的心理压力，这使他们在考试时容易感到紧张和焦虑。这种情绪在学生群体中相当普遍。作为父母，我们自然希望孩子能够取得优异的成绩，但同时也要注意避免对孩子施加过多的压力，以免加剧他们的紧张情绪。

为了帮助孩子缓解紧张，家长应当慷慨地给予孩子赞赏和鼓励。可以向孩子传达这样的信息："只要你全力以赴，无论结果如何，我们都为你感到骄傲，我们始终相信你的能力！"如果孩子对考试结果感到担忧，家长可以这样安慰他们："放松心情，用平和的心态面对考试。记住，即使这次成绩不尽如人意，机会总是有的，我们永远支持你！"

在孩子准备不足时，家长应该提供必要的帮助和指导，帮助他们做好更充分的准备。当孩子感到焦虑或不安时，父母应该保持平和的心态，成为孩子的榜样，帮助他们理性分析问题，提供合理的建议。要让孩子理解，生活中的成功与失败都是常态，即使遇到挫折，父母的爱和支持也永远不会改变。

通过这样的方式，孩子在面对挑战时，能够以更加积极和坚强的心态去迎接，学会在压力中成长，培养出面对困难的勇气和韧性。

青春加油站

如何缓解考前焦虑

1 积极地自我暗示

通过进行积极的自我对话，可以增强自信，减轻考前的紧

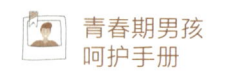

张情绪。这种方法能够激发内在的力量，使孩子以更积极的心态面对考试。

2 转移注意力

感到焦虑时，参与一些体育活动或从事自己感兴趣的爱好，如听轻松的音乐或进行适量的运动，可以有效转移注意力，从而缓解紧张情绪。

3 调节呼吸

当感到焦虑时，可以有意识地进行深吸气，慢慢吐气。重复几次，可以帮助放松身心，减轻紧张感。

4 药物治疗

对于考前焦虑症状特别严重的孩子，如出现心慌、手抖、大量出汗等情况，可以在医生的指导下，适当使用抗焦虑药物，帮助控制症状。